Eva Kessler

Das Familienkonzept

Eva Kessler hat im Laufe ihrer langjährigen Erfahrungen als Beraterin **das Familienkonzept** entwickelt. Sie hat es nun aufgeschrieben, um es allen Interessierten zugänglich zu machen.

Das Familienkonzept gibt Paaren und Eltern einen praktischen Werkzeugkasten an die Hand. Er hält nicht nur alltagstaugliche Strategien der familiären Selbstorganisation bereit, sondern auch pädagogische Einsichten. Mithilfe der Auswahl und Kombination von sechs Werkzeugen entwirft eine Familie ihr eigenes **Familienkonzept**.

Die alten Rollenmuster für Väter und Mütter passen nicht mehr zu den Herausforderungen, mit denen unsere Gesellschaft Eltern konfrontiert. Die Mitwirkung der Kinder an den familiären Aufgaben braucht keinen Erwartungsdruck und keine moralischen Appelle mehr. Familie kann heute ihr Potenzial entfalten, wenn sie jedem Familienmitglied Spielraum für Autonomie und Selbstbestimmung lässt.

Das Ziel ist ein spielerischer Umgang mit der Organisation des Familienlebens. Jeder Person in der Familie wird ein Zeitraum frei verfügbarer Zeit zugestanden, in dem sie nicht von den anderen Familienmitgliedern beansprucht werden darf. Das ständige Tauziehen darum, wer wann welche Aufgaben zu erledigen hat, kann bald der Vergangenheit angehören. Dies führt dazu, dass die gegenseitige Achtung erhalten bleibt.

Wenn es dann allen Familienmitgliedern Freude macht, aktiver Teil der Familie zu sein, wird der Frieden bewahrt und der Zusammenhalt gestärkt.

Eva Kessler

Das Familienkonzept

Praktisches Handwerkszeug zur Verteilung der Aufgaben in der Familie

Impressum:

Printed in Germany

Erstauflage 05-2016
Verlag Eva Kessler, Kronshagen

Umschlaggestaltung, Grafik, Layout: Josefine Graf
Satz, Druck, Einband: CPI books GmbH, Leck
ISBN: 978-3-00-052891-0

Die Deutsche Nationalbibliothek verzeichnet diese Publikation in der Deutschen Nationalbibliografie.

Für Mitteilungen an die Autorin: www.evakessler.de

Inhalt

Vorwort

Melinda Gates wählt ihr Ziel für das kommende Jahr

Während der Schlussredaktion dieses Buches schickte mir dankenswerter Weise eine Korrekturleserin (Ärztin und Mutter in einer Patchworkfamilie) einen aktuellen Artikel aus der *New York Times*, den ich im Folgenden gekürzt und übersetzt wiedergebe. An den Rand ihrer Korrektur schrieb sie: „Liebe Frau Kessler, kann ich schon mal 1.000.000 Exemplare von Ihrem neuen Buch bestellen? Ich wüsste so viele Familien, die das Buch gebrauchen könnten!"

Auszug aus einem Artikel aus der *New York Times* vom 22.2 2016 von Claire Cain Miller:

»Wie die Gesellschaft dafür bezahlt, wenn die Arbeit von Frauen nicht bezahlt wird

In Ländern überall auf der Welt ist die Art, wie Männer und Frauen ihre Zeit nutzen, unausgeglichen. Männer verbringen mehr Zeit mit bezahlter Arbeit. Frauen erledigen den Großteil der unbezahlten Arbeit - Kochen, Putzen und Kinderbetreuung. Diese unbezahlte Arbeit ist unverzichtbar für das Funktionieren von Familie und Gesellschaft. Aber sie wird trotzdem geringer geschätzt als bezahlte Arbeit, und wenn sie den Frauen zufällt, hält die Hausarbeit sie davon ab, bezahlten Tätigkeiten nachzugehen. „Dies ist eine der Kern-Ungerechtigkeiten, die überall in der Gesellschaft existiert, und wir reden einfach nicht darüber", sagt Melinda Gates, Mitbegründerin der Gates Stiftung in einem Interview. Nach eigenen Angaben sei sie sowohl von ihren Erfahrungen auf Reisen inspiriert worden als auch durch Erhebungen der OECD über die Verwendung von Zeit.

„Wenn wir diese Ungerechtigkeit nicht klar äußern, kann sich das volle Potenzial der Frauen weltweit niemals entfalten."

Frau Gates und Ihr Ehemann Bill Gates, Gründer von Microsoft, haben am Montag ihren jährlichen Informationsbrief herausgegeben. In diesem beschreiben sie ihre wichtigsten Ziele für das kommende Jahr, und ihres ist die „Zeitarmut" von Frauen aufgrund von unbezahlten Tätigkeiten.

Insgesamt haben zwar reichere Länder wie die USA geringere Unterschiede zwischen den Geschlechtern im Hinblick auf unbezahlte Arbeit als ärmere Länder wie Mexiko ... (Kürzung).

Laut OECD Informationen verbringen weltweit Frauen 4,5 Stunden am Tag mit unbezahlter Arbeit, einschließlich Einkaufen, Wäsche Waschen und Kinderbetreuung. Das ist mehr als das doppelte an Zeitaufwand im Vergleich zu Männern. Männer verbringen signifikant mehr Zeit mit bezahlter Arbeit und auch mit Freizeitaktivitäten wie Sport, Fernsehen und Freunde treffen... (Kürzung).

Wenn Frauen nicht zur Schule gehen können, sind ihre Kinder, statistisch gesehen, weniger gesund und haben ein höheres Risiko, weiterhin in Armut zu leben. Frauen könnten mehr bezahlte Arbeit leisten oder eine bessere Ausbildung erhalten, wenn Männer mehr unbezahlte Arbeit leisten würden oder wenn beide weniger Haushaltstätigkeiten zu leisten hätten.

*„Wir müssen Arbeit als das bezeichnen, was sie wirklich ist: **„ARBEIT"**, egal, ob man sie zu Hause oder am Arbeitsplatz leistet. Folglich sollten Männer und Frauen die Möglichkeit haben, frei zu wählen, was sie tun möchten", sagt Frau Gates.*

*Es gibt viele Möglichkeiten, die Lücke in der Arbeitsverteilung zu schließen. Diane Elson, eine Wirtschaftswissenschaftlerin und Soziologin an der Universität von Essex, Großbritannien, und eine Expertin bei den Vereinten Nationen zu Frauenthemen und –entwicklung, hat darüber geschrieben, dass **unbezahlte Arbeit anerkannt, reduziert** und **neu verteilt** werden muss. Auch technische Entwicklungen tragen wesentlich dazu bei, die Zeit, die für Haushaltstätigkeiten benötigt wird, zu reduzieren... (Kürzung).*

„Ein Sinneswandel ist unbedingt erforderlich“, sagt Frau Gates. Sie erinnert sich daran, wie unglücklich sie über den langen Schulweg ihrer ersten Tochter zur Vorschule war. Herr Gates, zu diesem Zeitpunkt Chef von Microsoft, entschied sich, die Tochter zwei Tage pro Woche zur Vorschule zu fahren. „Die anderen Mütter kamen nach Hause und sagten begeistert: ‘Wenn Bill Gates seine Tochter fahren kann, kannst du verdammt noch mal auch unsere Kinder fahren!’, sagt Frau Gates. „Eine so bemerkenswerte Verhaltensänderung musste unbedingt als Rollenvorbild öffentlich gemacht werden!“«

Mit meinem **Familienkonzept** möchte ich Anregungen geben, wie Familien spielerisch ihre eigenen, neuen Lösungen zur Verteilung der Aufgaben in der Familie finden können.

Kronshagen im Mai 2016
E. Kessler

Die Ausgangslage

Familie hat sich verändert

In der Familienberatung schildern viele Elternpaare, wie anstrengend und störanfällig das Organisieren von Haushalt und Kinderbetreuung ist, wenn beide Partner berufstätig sind. Vor allem berichten viele Mütter von dem Stress, der entsteht, wenn sie die alten Rollenerwartungen an eine Mutter versuchen zu erfüllen und daneben noch zusätzlich ihren Beruf meistern. Wer als Vater meint, es reiche aus, durch seine berufliche Tätigkeit das Familieneinkommen zu sichern, wird sich mit Vorwürfen konfrontiert sehen, dass er zu wenig zum familiären Leben beiträgt. Wenn Väter neben ihrem Beruf die Rolle des männlichen Erwachsenen in der Familie voll ausfüllen wollen, leiden sie ebenfalls unter der Last der Aufgaben. Jedem Menschen, der heute in unserer Gesellschaft lebt, ist verständlich, dass die Aufgabenfülle in einer Familie von zwei berufstätigen Eltern schwer zu meistern ist, ohne dass nach einiger Zeit die Sollbruchstelle erkennbar wird: Eltern verzweifeln, Streitigkeiten eskalieren, Kinder kommen zu kurz, Partnerschaften werden getrennt.

Die soziale Einbettung einer Familie in einen größeren Rahmen hat sich verändert. Eine Familie konnte in früherer Zeit noch Hilfe aus der Verwandtschaft im Sinne des „Generationenvertrages“ annehmen, ohne eine Gegenleistung erbringen zu müssen. Heute können Verwandtschaftsbeziehungen den Bedarf an Hilfe oft nicht mehr decken. Der Aufbau eines unterstützenden sozialen Netzes schafft hier Abhilfe, erfordert aber Gegenleistung und aktive Pflege.

Was bisher fehlt, sind Lösungen, die die Organisation des täglichen Familienlebens besser regeln und daneben die Erwartungen an die Elternrollen neu gestalten. **Das Familienkonzept** leistet hierzu einen Beitrag.

Die Rahmenbedingungen

Der „ganz normale Wahnsinn"

Da das Thema dieses Buches einen wichtigen, aber nicht den wichtigsten Teilbereich des Familienlebens unter die Lupe nimmt, ist es von Bedeutung, gleich zu Beginn den Bezugsrahmen festzulegen, in den dieses Thema einzuordnen ist. Der Teilbereich, der in diesem Buch betrachtet wird, ist die Familienorganisation.

Eltern sind doppelt gefordert, einerseits ihren beruflichen Aufgaben gerecht zu werden und andererseits den Bedürfnissen und Notwendigkeiten ihrer Familie. Dafür benutzen sie ein Management. Dieses ist aber nur Mittel zum Zweck. Das wichtigste ist, dass das Management ihnen dazu dient, möglichst viel Zeit für das Familienleben als solches übrig zu behalten.

Von außen sind Familien in zunehmendem Maße mit einer Vielzahl von Angeboten, Möglichkeiten und Erwartungen konfrontiert, und von innen mit einer Vielzahl von Interessen, Bedürfnissen und Wünschen. Dabei stehen sie einem begrenzten Zeitkontingent gegenüber.

Die Forderungen der Gesellschaft an jeden einzelnen, nicht nur einem Broterwerb nachzugehen, sondern sich permanent fortzubilden und alle Chancen zu nutzen, um eine möglichst erfolgreiche Karriere zu absolvieren, üben für sich gesehen schon Druck auf den Einzelnen aus. Hinzu kommen Angebote und Verlockungen zur Selbstoptimierung, bei denen es schwer zu unterscheiden ist, welche real gebraucht werden. Schon kleine Kinder unterliegen diesem Trend. Ihre Eltern wollen „alles richtig machen" und alle Chancen zur Förderung nutzen. Reiten, Ballett, Schwimmen, ein Musikinstrument erlernen und viele andere Angebote ergeben in ihrer Summierung eine Überfülle. Ebenso gehören dazu vielfältige Therapien, die nur in seltenen Fällen gesundheitlich notwendig sind. Eltern, die diesem Trend verfallen, fühlen sich getrieben von ihrem Familienterminkalender. Ihre Kinder haben manchmal schon im Alter von fünf Jahren eine von Aktivitäten überfüllte Woche wie die Eltern.

Die Zeitinsel

Die Zeit, die einer Familie zur Verfügung steht, ist zu einem kostbaren Gut geworden. Familien dürfen nicht zulassen, dass ihre Zeit wie eine Kerze, die von beiden Seiten brennt, „verbraucht" wird. Michael Ende hat in seinem berühmten Kinderbuch „Momo" diesem erschreckenden Phänomen in aller Deutlichkeit den Spiegel vorgehalten. Und das schon in seiner Generation, von der wir heute sagen würden: Damals hatte man noch viel mehr Zeit als heute!

Wo hat eine Familie noch Zeit für Muße, Blödeln, Toben, Ausruhen, Träumen, miteinander Spielen, Malen, Basteln, Singen, Tanzen oder Spazierengehen? Alle Ergebnisse wissenschaftlicher Forschung der letzten Jahre zu diesem Thema aus den Bereichen Medizin, Neurowissenschaften, Psychologie und Sozialwissenschaften zeigen, was wir an Kindern immer schon beobachten konnten und können: Wenn ein Mensch es vermag, seinen puren Seinszustand im gegenwärtigen Augenblick zu genießen, so fördert dies seine seelische und körperliche Gesundheit. Damit sich diese heilsame Wirkung entfalten kann, ist es wichtig, einen Ort und einen Zeitraum zu finden, in dem man nur der Mensch sein kann, der man ist, ganz ohne „funktionieren" zu müssen, ohne Termin- oder Zielvorgabe. Kindliches freies Spiel zeigt in vortrefflicher Weise, wie dieser Zustand erlebt werden kann. Erwachsene können sich an ihr Spielen in der Kindheit erinnern oder es erneut von Kindern lernen.

Pädagogisch gesehen sind Mußestunden die wertvollsten Zeiten zum Stressabbau und zur Erholung für die Erwachsenen und zur gesunden Entwicklung für die Kinder. Keine Therapie, keine Yogastunde, keine angeleitete „Freizeitbeschäftigung“, keine Krippe und kein Hort können das Beisammensein in Muße in einer Familie ersetzen.

„Zeitvertreib“ – ein verräterischer Begriff! In unserer Gesellschaft lebend können wir uns das Vertreiben der kostbaren Zeit nicht mehr leisten. Jede Familie hat die wichtige Aufgabe, zu allererst Kriterien zu ermitteln, wann, wo und wie sie Zeitinseln erhält, die nur der Muße im Familienleben gewidmet werden, in denen niemand auf die Uhr sieht und einen Satz mit den Worten „Wir müssen jetzt…“ beginnt.

Eine Zeitinsel könnte beispielsweise damit beginnen, dass ein Elternteil sich auf den Boden legt oder auf ein Sofa und eine Zeitung liest. Ein Kind robbt heran und kuschelt sich an den Erwachsenen. Der Erwachsene legt die Zeitung zur Seite und zieht das Kind an sich oder auf sich. So liegen sie eine Weile. Das Kind lauscht dem Atem des Erwachsenen. Beide entspannen und genießen. Das Kind wird nach einer Weile beweglich. Der Erwachsene fängt an, das Kind zu kneten wie einen Teig, zu massieren, zu streicheln oder zu kitzeln. Dabei wird auch gesprochen: „Komm, du bist mein Pizzateig…“. „Nein, ich bin Plätzchenteig…“. Vielleicht entwickelt sich das Spiel zum Toben oder einem Spielkampf. Das Kind zeigt dem Erwachsenen, wie stark es ist. Es geht nicht ums Gewinnen, es geht nur um die Freude aneinander. Oder das Spiel mündet in Kuscheln, Streicheln, Einschlafen. Äußerlich passiert scheinbar fast gar nichts, aber innerlich fühlen beide ihre Wichtigkeit für den anderen, Nähe, Zweisamkeit, Zuneigung, Entspannung – Muße.

Neben all den beruflichen und privaten Aufgaben, die täglich zu erledigen sind, ist eine vorrangig wichtige Zielsetzung in Familien, dafür zu sorgen, dass die Familienmitglieder sich in Muße begegnen können. Unter diesen Rahmenbedingungen möchte ich mein Buch verstanden wissen. Es könnte Familien dazu dienen, ihre Zeit so zu organisieren, dass die Familienmuße immer genügend Raum bekommt.

Ziele des Familienkonzeptes

**Das Familienkonzept gibt allen,
die in der Familie leben,
die Chance, gut zu leben.**

Organisatorische Ziele

Die Arbeit von Eltern

Das Familienkonzept stellt eine neue Perspektive für das Zusammenleben in Familien zur Verfügung, die die Berufstätigkeit beider Eltern, die Haushaltsführung und die Kindererziehung als gleichwertige Tätigkeiten definiert. Die unverzichtbaren Aufgaben von Eltern, ob es sich um berufliche oder familiäre Tätigkeiten handelt, werden als „berufliche Arbeit" angesehen. Eine Person, die einen Teil ihrer beruflichen Arbeit im Bereich der familiären Versorgungsaufgaben erledigt, kann mithilfe des **Familienkonzeptes** eine gleiche Haltung zu diesen Aufgaben entwickeln wie berufstätige Menschen an anderen Arbeitsplätzen. Dies könnte der Familie die Chance bieten, ihre eigene Position im Spannungsfeld zwischen Erwerbs- und Familienarbeit neu zu finden und zu definieren. **Das Familienkonzept** hat somit auch eine Bedeutung, die über die Familie weit hinausreicht, nämlich eine soziale Erneuerungsfunktion in unserer Gesellschaft.

Das Profil

Das Familienkonzept gibt jedem der Partner in Bezug auf seine verschiedenen Tätigkeiten ein eigenständiges Profil, welches dem des anderen Partners ebenbürtig ist.

Zur besseren Lesbarkeit wird darauf verzichtet, im Text jedes Mal beide Geschlechter zu nennen, in der Regel können die Leser davon ausgehen, dass das jeweils andere Geschlecht austauschbar mitgemeint ist. Überhaupt macht sich das Buch von den alten Rollenmustern frei und bezieht alle Formen von Elternschaft ein, wie beispielsweise gleichgeschlechtliche Eltern und Transgender-Konstellationen.

Pflichten und Privilegien werden gerecht verteilt. Dies führt dazu, dass die gegenseitige Achtung erhalten bleibt. Das ständige Tauziehen darum, wer wann was in der Familie zu erledigen hat, kann bald der Vergangenheit angehören. Schuldzuweisungen oder Schuldgefühle in Bezug auf die Verteilung der familiären Aufgaben und Belastungen werden überflüssig. Eltern leben ihren Kindern Gerechtigkeit, gegenseitige Wertschätzung, Toleranz für die persönlichen Unterschiede und lösungsorientiertes Denken und Handeln vor. Wenn es dann allen Familienmitgliedern Freude macht, aktiver Teil der Familie zu sein, wird der Familienfrieden bewahrt und der Zusammenhalt der Familie gestärkt.

Das Familienkonzept kann mit dem Wachstum der Kinder und den natürlichen Veränderungen und Entwicklungen der Familienmitglieder mitwachsen. Und es lässt so viel Spielraum, dass es an die Bedürfnisse und speziellen Lebensnotwendigkeiten jeder Familie anzupassen ist. Das Konzept soll beispielsweise auch für Familien hilfreich sein, in denen die Erwachsenen beruflich Wechselschichten, Nachtdienste oder Wochenenddienste bewältigen müssen oder unter der Woche aus beruflichen Gründen abwesend sind und nur am Wochenende nach Hause kommen können. Diesem Thema widmet sich ein Abschnitt im Kapitel über das dritte Werkzeug.

Pädagogische Ziele

Ziele für die Erwachsenen

Die Methoden des Aushandelns von Aufgaben und Rollen ermöglichen einem Paar, ohne gegenseitige Schuldzuweisungen gleichberechtigte Partner zu sein. Dies erreichen sie, indem sie mithilfe der beschriebenen Werkzeuge ihr Zusammenleben als Familie organisieren. Dafür gelten die Kriterien der Gleichwertigkeit. Persönliche Unterschiede, die diese Kriterien nicht in Frage stellen, werden in einem möglichst hohen Maße als berechtigt angesehen. Für sie werden Freiräume und Grenzen festgelegt.

Partner A legt großen Wert darauf, dass die Gute-Nacht-Zeremonie am Abend den Kindern die Möglichkeit gibt, zur Ruhe zu kommen. Wenn er an der Reihe ist, die Kinder ins Bett zu bringen, ist es für ihn wichtig, eine Geschichte vorzulesen und danach zu schmusen. Partner B dagegen hat beobachtet, dass die Kinder wunderbar einschlafen können, wenn er vorher mit ihnen balgt und tobt. Er will ihnen die Möglichkeit geben, ihren Gefühlen und unausgelebten Impulsen des vergangenen Tages Ausdruck zu verleihen. Deshalb veranstaltet er Spielkämpfe, bei denen die Kinder mit Kissen werfen und schreien dürfen. Diese beiden Eltern haben festgestellt, dass beide Methoden des zu Bett Bringens zum Erfolg führen. Sie können den großen Unterschied gegenseitig tolerieren und sehen keine Notwendigkeit, sich auf eine Methode zu einigen.

Ziele für die Kinder

In jedem Kindesalter profitieren die Kinder von den Strukturen, die sich ihre Eltern mithilfe des **Familienkonzeptes** für das Leben in der Familie erarbeiten. Sie geben Orientierung und Geborgenheit. Pädagogisch zeigen sich die größten Erfolge des **Familienkonzeptes** im Schulkind- und Vorpubertätsalter, in dem die Kinder Selbstständigkeit, Selbstbewusstsein und das Ausbalancieren der eigenen Gefühle entwickeln.

Es ermöglicht den Kindern viele Lernschritte durch Erfahrung. Unter anderem sind dies:

- zeitliche Strukturen durchschauen und einhalten
- selbstständig Aufgaben erfüllen
- Verlässlichkeit einüben
- Teamwork praktizieren

Unterschied zwischen Elternwelt und Kinderwelt

Das wichtigste pädagogische Ziel der Methoden des **Familienkonzeptes** ist aber die Vergrößerung des Unterschiedes zwischen Elternsein und Kindsein. Das autoritäre Erziehungssystem unserer Vorväter hat dies zwar geleistet, aber leider zum Leidwesen der Kinder. Der Unterschied war ein Machtunterschied. Lässt man das autoritäre Gebaren weg, ohne eine andere Methode zu benutzen, wie es heute viele Eltern versuchen, so arten viele Situationen zum Leidwesen der Eltern aus. Die häufigsten Erziehungsfehler, die der heutigen Elterngeneration passieren, kann man beobachten, wenn konfliktscheue, harmoniebestrebte, liebevolle Eltern versuchen, ein provozierendes Kind „auszuhalten", zu ignorieren oder zu beschwichtigen. Schließlich fühlen sich die Eltern so ohnmächtig, dass sie die Geduld verlieren und in autoritäre Verhaltensweisen zurückfallen.

Wir streben heute keinen Machtunterschied, sondern einen Alters- und einen Verantwortungsunterschied an. Die folgende Gegenüberstellung von Elternwelt und Kinderwelt verdeutlicht diese moderne Erziehungshaltung.

Elternwelt 	**Kinderwelt** 
Eltern sind erwachsen und verantwortlich, dabei freilassend, geduldig und liebevoll.	Kinder suchen Geborgenheit, Wahrgenommenwerden und Vorbilder.
Eltern geben Strukturen, die sie veränderlich halten, so dass sie mit den Entwicklungsschritten der Familie mitwachsen.	Kinder dürfen Kinder sein, Lernende (die Fehler machen) und Bedürftige. Kinder können noch nicht „funktionieren" wie Erwachsene.
Eltern fällen alle existenziellen Entscheidungen, ohne die Kinder damit zu belasten.	Kinder brauchen altersspezifische, klare Strukturen (Regeln, Zeitabläufe, Rollen, Aufgaben, Privilegien), um sich zurechtzufinden und von den anderen als einzigartig wahrgenommen zu werden.
Erwachsene lösen ihre eigenen Probleme selbst, ohne die Kinder dabei zu benutzen.	Kinder wollen selbstständig werden.
Eltern haben die Aufgabe, auf ihre Kinder wohlwollend zu reagieren, damit die Kinder an ihnen ablesen können, wer sie (die Kinder) sind.	Kinder wollen etwas beitragen und stolz darauf sein. Sie wollen sich bewähren.
Eltern sind Vorbilder.	Kinder wollen, dass ihre Eltern mit ihnen zufrieden sind.
Eltern geben Vertrauen, auch dann, wenn Kinder enttäuschend handeln.	Kinder lieben ihre Eltern, immer und unter allen Umständen.

Die Werkzeuge des **Familienkonzeptes** unterstützen Eltern, diese notwendigen Unterschiede zu berücksichtigen. Sie geben jeder Person ihre einzigartige Position in der Familie. Dadurch erhalten die Kinder größtmögliche Orientierungshilfe für ihren Identitätsbildungsprozess.

Die Glücksformel

Kinder dürfen nicht schon während ihrer Kindheit Aufgaben erfüllen müssen, die in die Elternwelt gehören, beispielsweise Verantwortung für Familienmitglieder übernehmen, elterlich zu ihren eignen Eltern sein, jemand anderen elterlich versorgen, lebenswichtige Entscheidungen fällen, Probleme für ihre Eltern lösen müssen.

Eltern wollen verhindern, dass Kinder im späteren Leben unter seelischen Beschwerden leiden. Wenn Eltern die folgende Glücksformel beherzigen, leisten sie einen wirksamen Beitrag zu diesem Ziel:

Wenn Kinder achtzehn Jahre lang keine existenziellen Entscheidungen fällen müssen, keine elterlichen Funktionen übernehmen müssen, bildet ihre Kindheit die Quelle ihrer Glücks- und Genussfähigkeit für ihr ganzes restliches Leben.

Das Familienkonzept als Werkzeugkasten

Selbst gestalten

Das Familienkonzept enthält praktische Werkzeuge, die von Paaren und Eltern angewandt werden können. Wer sie benutzt, fängt an, mit ihnen zu experimentieren. Ein (Eltern-) Paar kann mithilfe des Werkzeugkastens sein eigenes **Familienkonzept** entwickeln. Das passende Ergebnis würde jeder der beiden dann beispielsweise so beschreiben:

„Ich bin zugleich Partner, Elternteil für unsere Kinder und eigenständige Person. Ich bin für verschiedene Aufgaben verantwortlich, die ich mir selbst gewählt habe. Ich führe sie in meiner speziellen Art und Weise zu den Zeiten aus, die ich mir aussuche. Die Aufgaben passen zu mir. Niemand macht mir Vorwürfe, ich würde in der Partnerschaft oder in der Familie zu wenig beitragen. Ich bin in meiner Familie anerkannt. Ich habe zwar viel zu tun, aber ich fühle mich nicht belasteter als jemand anderer in der Familie. Die Anderen erledigen auch ihre Auf-

gaben für die Familie. Daneben hat jede Person in unserer Familie noch eine berufliche Aufgabe. Bei den Kindern ist dies die Schule. In bestimmten verlässlich vereinbarten Zeiten habe ich Freizeit ganz für mich, wie jede Person in unserer Familie. Unsere Familie ist ein lebendiger, sich ständig verändernder Lebensraum, in dem ich mich wohl fühle."

Umgang mit dem Konzept

Das Buch ist so aufgebaut, dass es seinen Lesern sechs verschiede Werkzeuge des Familienmanagements vorstellt und sie in Schritten vom kleinsten bis zum größten führt. Das kleinste Werkzeug ist die Aufteilung der Arbeitszeit der Partner in die beruflichen Blöcke. Das „Meisterstück" ist der Wochenplan der Familie. Jedes Werkzeug, vom ersten bis zum fünften, kann als einzelnes Hilfsmittel genutzt werden und hat seine eigene organisatorische und pädagogische Bedeutung. In diesem Buch aber sind die Werkzeuge als Teilschritte auf dem Weg zum sechsten Werkzeug, und damit zum organisatorischen Ziel des **Familienkonzeptes** konzipiert, nämlich dem Wochenplan der Familie.

In der Struktur dieses Buches sind die kleineren ersten Werkzeuge die Voraussetzung für die späteren, komplexeren Werkzeuge. Die einzelnen Werkzeuge sind nicht trennscharf voneinander abgegrenzte Bereiche, sondern sie gehen ineinander über. Ein Paar, das zunächst erfahren hat, wie entlastend und gerecht die Aufteilung der Aufgaben der Erwachsenen im **Familienkonzept** gelingt, entwickelt neue Gewohnheiten und Umgangsweisen miteinander. Diese bilden die Grundlage für den sowohl organisatorisch als auch pädagogisch so zentralen Schritt, die Kinder schließlich am **Familienkonzept** aktiv zu beteiligen. Wenn die Kinder das passende Alter erreicht haben, entsteht der Familienrat. Schließlich münden alle Werkzeuge, die im persönlichen Stil der Familie benutzt werden, im Wochenplan der Familie.

„Nicht noch ein weiterer Plan!", mögen manche Leser denken. Und in der Tat gibt es im Familienleben schon genug To-do-Listen und Stundenpläne. Ein Familienwochenplan, wie er hier vorgestellt wird, enthält alle anderen Pläne und gibt so der Familie eine gemeinsame Gesamtstruktur. Dies ist nicht nur für Kinder übersichtlicher, sondern auch für Erwachsene.

„Nicht so viele Werkzeuge!", mögen Leser ausrufen. Wenn eine Familie dieses Buch nicht wie eine Bauanleitung zur Herstellung des Familienplans benutzen will, ist es möglich, nur ein einzelnes Werkzeug auszuwählen und zu erproben.

Werkzeuge einzeln benutzen

Eine Familie, der es vor allem um die gerechte Verteilung der Aufgaben geht, wählt das dritte Werkzeug, wenn die Kinder in der ersten Hälfte der Kindheit sind. Die Einführung der Chefaufgabe wird von Familien als Erleichterung erlebt, gewährt sie doch einen spielerischen Umgang mit den Elternaufgaben. Sie ordnet jedem Elternteil Arbeitsphasen und Freizeitphasen zu. Außerdem macht sie Schluss mit dem Streit um die Haltungs- und Handlungsunterschiede zwischen den Eltern. Und sie nimmt Druck aus dem uralten Dogma, Eltern sollten sich einig sein, und Familien sollten möglichst viel gemeinsam machen.

Sind die Kinder gerade im Übergang von der ersten Hälfte zur zweiten Hälfte der Kindheit oder schon in der zweiten Hälfte, dann ist es ratsam, das fünfte Werkzeug zu wählen. In dieser Altersphase werden die herkömmlichen Erziehungsmaßnahmen der Eltern nicht selten von den Kindern mit heftigem Widerstand beantwortet. Sie wollen nicht mehr bevormundet, ermahnt, erinnert oder kritisiert werden. Im Familienrat entstehen neue, diesem Alter angemessene Formen der Kommunikation zwischen Eltern und Kindern. Diese würdigen sowohl die hohe Kompetenz als auch die Autonomie, die diese Kinder schon erreicht haben. Trotz der vorpubertären oder pubertären Entwicklung bleiben Vertrauen und Achtung zwischen Eltern und Kindern erhalten.

Bauanleitung für den Familienwochenplan

Eine Familie kann das Buch wie eine Bauanleitung benutzen und die Werkzeuge in ihrer hier vorgestellten Reihenfolge nacheinander ausprobieren. Sie benötigt Geduld für einen Schritt-für-Schritt-Weg, um die neuen Methoden in den Zeitplan und die Lebensgewohnheiten der Familie zu integrieren. Dieser Weg darf sich in Jahren entwickeln oder, wenn akuter Bedarf ist, in ein paar Wochen. In den Phasen, in denen die Familie konkrete Veränderungsschritte geht, um **das Familienkonzept** zu verwirklichen, werden nach einer Woche die Erfahrungen, die die Familie mit dem Konzept gemacht hat, ausgewertet. Dies geschieht in Form des Familienrats (fünftes Werkzeug). Gute Erfahrungen werden in einem gegenseitigen Austausch wertgeschätzt. Sie ermutigen die Mitglieder der Familie dazu, das Konzept weiter anzuwenden. Nicht so gute Erfahrungen lösen gemeinsame Suchprozesse aus. Ideen werden gesammelt, neue Wege geplant, Zuständigkeiten neu geregelt. Erst wenn alle Familienmitglieder die Einschätzung teilen, dass die Planung ausreicht, um das Konzept in der kommenden Woche fortzusetzen, beendet man den Austausch.

Eltern, deren Kinder deutlich unter neun Jahre alt sind, erledigen den Großteil der Vorplanung zu zweit. Sie beteiligen die Kinder an den Entscheidungsprozessen der Vorplanung nur bei Details, die die Kinder schon verstehen und mitentscheiden können. Mit zunehmendem Alter steigt der Grad der Mitentscheidung. Mädchen ab dem neunten Lebensjahr und Jungen ab dem zehnten Lebensjahr können in der Regel schon an den meisten Schritten der Konzeptentwicklung mitwirken. Ja, sie sind sogar eine große Bereicherung, weil sie nicht selten die kreativsten Ideen beisteuern können. Je mehr die Kinder diese Prozesse mitgestalten können (ohne überfordert zu werden), desto engagierter sind sie, die neu gewonnenen Regeln und Abläufe einzuhalten. Von der altersgemäßen Einbindung der Kinder in **das Familienkonzept** hängt entscheidend ab, ob die Kinder mit Engagement und Freude beteiligt sind oder ihre Mitwirkung verweigern. Im Kapitel zum fünften Werkzeug widmet sich ein Abschnitt diesem Thema.

Patchwork & Co.

Das Familienkonzept wurde zunächst für eine Kernfamilie entworfen, die die Positionen Elternteile und Kind enthält (Vater, Mutter, gleichgeschlechtliche Partner oder Stiefeltern und ein Kind, mehrere Kinder oder Stiefkinder). Paare ohne Kinder können einige Werkzeuge nutzen.

- Allein Erziehende
  können die Werkzeuge so anwenden, dass sie anstelle des zweiten Partners andere Erwachsene einbeziehen. Dadurch, dass **das Familienkonzept** alle Positionen in der Familie deutlicher definiert und sichtbar macht, können allein Erziehende der Gefahr entgehen, dass ein Kind fälschlicherweise in die Rolle des fehlenden Erwachsenen schlüpft.

- Getrennt lebende Eltern
  können sich aus den Werkzeugen ein eigenes Konzept zusammensetzen. Der Vorteil kann darin bestehen, dass ein getrennt lebender Elternteil nicht nur Besuchssituationen gestaltet, sondern für bestimmte erzieherische und organisatorische Aufgaben allein verantwortlich oder mitverantwortlich ist. Der andere Elternteil wird entlastet. Der getrennt lebende Elternteil bekommt durch sein Profil eine definierte Rolle. Sie gibt ihm mehr Möglichkeiten als bisher, als Vorbild zu wirken.
  Wenn getrennte Eltern nah beieinander (am besten fuß-

läufig) wohnen, können sie sich die Erziehung der Kinder und alle damit zusammenhängenden Aufgaben zur Hälfte teilen. Die Erwachsenen verstehen sich als gleichrangige Eltern. Das Kind hat in jedem Elternhaus ein Zimmer und lebt abwechselnd jeweils eine Woche bei einem der Eltern. Schule, Freunde, Umfeld bleiben identisch. Die Erfahrungen zeigen für Kinder und Eltern ermutigende Ergebnisse. Dieses zukunftsweisende Modell scheint sehr geeignet, wenn Eltern die notwendigen Rahmenbedingungen herstellen können. Die Voraussetzung dafür ist allerdings zum einen die Bereitschaft beider Eltern, dem anderen Elternteil die volle Elternkompetenz zuzutrauen und zu gewähren. Zum anderen ist es nötig, einen fairen und sachlichen Austausch über alle Belange der gemeinsamen Elternschaft zu führen. Außerdem ist es für Kinder von zentraler Bedeutung, dass der zuständige Elternteil für altersgerechte Anwesenheitszeiten neben seinen außerhäuslich beruflichen Aufgaben sorgt. Für die Kinder ist es wichtig, dass die Eltern sich voll und ganz auf dieses Wechselmodell einlassen, ihr berufliches und privates Leben darauf einstellen und äußerst verlässlich mit den ausgehandelten Strukturen umgehen. Gute Helfer tragen dazu bei, das System zu stabilisieren und Ausnahmesituationen stressfrei zu überstehen.

- Patchworkfamilien
  können die Familienorganisation mithilfe der Werkzeuge bewältigen. Für sie gilt ohnehin, dass die Positionen der einzelnen Familienmitglieder sich deutlich genug unterscheiden sollten, damit jedes Familienmitglied sich als einzigartiges Individuum erleben kann und von den anderen eindeutig identifiziert und geachtet wird.
  Typische Probleme, die in der Anfangsphase einer Patchworkfamilie auftauchen, lassen sich mithilfe des **Familienkonzeptes** vermeiden oder leichter beheben. Wenn

Kinder beispielsweise erleben müssen, dass der getrennt lebende Elternteil durch die Trennung einen hohen Achtungsverlust erlitten hat, können sie sich gegenüber einem neuen Partner des mit ihnen lebenden Elternteils aus Loyalitätsgründen oft nicht öffnen, sondern lehnen ihn ab. In solchen Situationen ist es hilfreich, wenn beide leiblichen Eltern ein elterliches Aufgabenprofil haben, das ihnen gegenseitige Anerkennung und Achtung als Eltern verleiht, auch wenn sie kein Paar mehr sind. Der neue Partner, der in die Familie kommt, erhält ein völlig anderes Profil, als der getrennt lebende Elternteil.
Leibliche Eltern und ihre neuen Partner haben die Aufgabe, besonders darauf zu achten, dass Kinder, die aus einer früheren Lebensgemeinschaft stammen, sich nicht vernachlässigt fühlen. Um Eifersucht und Rangkämpfe zu vermeiden, sollte der getrennt lebende Elternteil, der in seiner neuen Familie ebenfalls Kinder hat, die Altersreihenfolge der Kinder würdigen. Sorgt er immer dafür, dass die Kinder, die eher geboren wurden, sich anerkannt und in ihrer Bedeutung als erste wahrgenommen fühlen, so entsteht keine oder weniger Eifersucht auf später geborene Kinder. Dies entlastet später geborene Kinder von der „Schuld“, den älteren Kindern einen Elternteil „weggenommen“ zu haben. Hier ist eine unbewusste Schuld gemeint, die sich in sehr unterschiedlichen Symptomen äußern kann.
Auch wenn beide Partner aus einer vorherigen Lebensgemeinschaft Kinder mit in die neue Partnerschaft bringen, gelingt das Zusammenleben in einer Patchworkfamilie dann am besten, wenn der jeweils neue Partner mit Zurückhaltung, Feingefühle und großer Toleranz gelten lässt, welche Regeln und Gewohnheiten und vor allem welche Privilegien bisher die Positionen der Kinder im Familienleben gesichert haben.

Die Werkzeuge des **Familienkonzeptes** geben jedem Mitglied der Patchworkfamilie den ihm zustehenden Platz und machen ihn für alle Beteiligten sichtbar. Deshalb eignet sich **das Familienkonzept** besonders gut für Familien, deren Strukturen vielfältiger sind als bei einer drei- oder vierköpfigen Kernfamilie. Jede Familie setzt sich aus den Werkzeugen das passende Konzept zusammen, und variiert es je nach den spezifischen Erfordernissen der aktuellen Familiensituation. An unterschiedlichen Stellen des Buches finden diese speziellen Familiensituationen Erwähnung.

Im Folgenden werden die Begriffe „berufliche Aufgaben", „berufliche Blöcke", „Chef", „Chefaufgabe" und „Profil" genutzt. Sie sind aus dem beruflichen Zusammenhang hier nun auf die Familiensituation bezogen. Da sie definiert werden, wird zugunsten besserer Lesbarkeit im weiteren Text auf die Anführungsstriche verzichtet.

Die Werkzeuge des Familienkonzeptes im Überblick

Erster Schritt:	Zwischen-ergebnis:	Zweiter Schritt:	Dritter Schritt:
Gerechte Aufteilung		Die Kinder einbeziehen	Ziel und Ergebnis
Die beruflichen Blöcke Die Aufgaben Der Chef des Tages Die Helfer	Der Prototyp	Der Familienrat	Der Wochen-plan der Familie

Der Einfachheit halber wird in diesem Buch jedem Werkzeug ein Kapitel gewidmet.

1. Die beruflichen Blöcke
2. Die Aufgaben
3. Der Chef des Tages
4. Die Helfer
5. Der Familienrat
6. Der Wochenplan der Familie

Die Werkzeuge

Werkzeug 1: Eine neue Zeitrechnung

Die beruflichen Blöcke

Die Aufteilung der Arbeitszeit der Partner in die beruflichen Blöcke hilft, den Übergang von der klassischen Rollenaufteilung zur gleichberechtigten Partnerschaft zu bewerkstelligen.

Diese Art des Vorgehens dient vor allem den Familien als Werkzeug, in denen ein Partner weniger Stunden außerhäuslich berufstätig ist und deshalb mehr Stunden seines Tages der Arbeit in der Familie widmen kann als der andere. Für diesen Partner teilen die beruflichen Blöcke die Zeit des Tages ebenso in zwei Teile ein wie für den Partner, der mit voller Stundenzahl berufstätig ist, nämlich in die „berufliche Zeit" und die Freizeit. Dabei ist die „berufliche Zeit" nicht nur die Zeit, in der diese Person für berufliche Ziele außerhalb der Familie tätig ist, sondern auch die Zeit, in der sie für die Familie arbeitet. Wenn im Folgenden also von „beruflichen Zeiten" die Rede sein wird, dann ist der Begriff in dem hier verdeutlichten Sinne gemeint. Dadurch wird die Rolle, die in der klassischen Geschlechterrollenaufteilung der „Hausfrau" zugeordnet wurde, klarer strukturiert. Die Arbeitszeit dieser Person ist nicht mehr vierundzwanzig Stunden am Tag. Sie hat Anrecht auf Freizeit. Und sie kann darüber bestimmen, welche Aufgaben zu ihrem „Beruf" gehören. Aus der Perspektive der ganzen Familie werden die so definierten beruflichen Zeiten gleichwertig angesehen.

Die Aufteilung aller Aufgaben, die die Eltern für die Familie erfüllen, ist der erste Schritt auf dem Weg zum Familienwochenplan.

Sich einen Überblick verschaffen

Ein erster Überblick über die Arbeitszeiten eines Paares kann in einem Taschenkalender oder auf einem Bogen Papier entworfen werden, in den die Tage und Stunden einer Sieben-Tagewoche mit Sechzehn-Stundentagen eingetragen werden. Jeder Tag erhält zwei Spalten, jeweils eine für jeden Partner. Der Überblick kann ebenso gut in elektronischer Form entworfen werden. Wenn man eine gute Vorlage dafür findet, eine Kalender-App, Outlook oder andere Tools, so ist die Herstellung der Übersicht weniger aufwendig.

In der Regel lässt man die acht Nachtstunden, in denen die Partner schlafen, weg, um Platz zu sparen. Ein Elternpaar, welches einen Säugling versorgt, der nachts von den Eltern noch Einsätze erfordert, wird selbstverständlich vierundzwanzig Stunden pro Tag eintragen, um die Nachtdienste gerecht aufzuteilen. Im Kapitel über das dritte Werkzeug wird auf die Stillzeit und Kleinkindphase genauer eingegangen.

Der Wochenüberblick orientiert sich zunächst an den beruflichen Zeiten der Partner. Später werden nach und nach mithilfe weiterer Werkzeuge alle Daten aus dem privaten Zeitablauf einer typischen Alltagswoche hinzugefügt. Die Tatsachen der außerhäuslichen beruflichen Zeiten finden ihren Ausdruck als erstes in der Wochenübersicht, weil sie die existenzielle Grundlage der Familie sicherstellen, und weil sie (zumindest kurzfristig) nicht verschiebbar sind. Die Berufstätigkeiten beider Partner werden als feste Zeitblöcke eingetragen.

Nehmen wir ein Beispiel zu Hilfe, um den ersten Schritt zu konkretisieren.

Partner A ist beispielsweise aus beruflichen Gründen durchschnittlich neuneinhalb Stunden (acht Stunden Arbeit, zwei Mal eine halbe Stunde Fahrt, eine halbe Stunde Pause) am Tag abwesend von der Familie. Partner B hat beispielsweise eine berufliche

Halbtagsbeschäftigung am Vormittag von durchschnittlich fünf Stunden (vier Stunden Arbeit und zwei Mal eine halbe Stunde Fahrt).
Es wurde ein solches Beispiel gewählt, weil diese Verteilung in unserer Gesellschaft zurzeit sehr häufig ist.

Analog zur Arbeitszeit des Partners, der mehr außerhäusliche Stunden arbeitet, werden einige Haushalts- und Familienaufgaben in den beruflichen Block des Partners, der weniger Stunden außerhäuslich arbeitet, eingetragen, so dass beide Partner die gleiche Arbeitsstundenzahl pro Woche in den Kalender notieren. Dies sind nun die neu definierten beruflichen Blöcke des Paares.

Partner B trägt zusätzlich zu seiner außerhäuslichen Arbeit die Aufgaben, die er für die Familie verrichten will, in diejenigen Stunden (in diesem Beispiel: viereinhalb Stunden) seiner Tage ein, die parallel beim Partner für den Beruf geblockt sind. Die beruflichen und familiären Aufgaben von Partner B sind nun parallel zu dem beruflichen Block des Partners A vermerkt, so dass beide einen Neuneinhalb-Stunden-Block haben.

Die Aufteilung der beruflichen Blöcke ist für Paare mit oder ohne Kinder gleichermaßen möglich. Die beruflichen Blöcke sind nicht in jeder Familie zeitlich synchron. Um **das Familienkonzept** umzusetzen, ist dies nicht nötig.

Das folgende Beispiel zeigt eine Übersicht der beruflichen Blöcke für beide Partner.

Wochenplan 1

Zeit	Montag		Dienstag		Mittwoch
06.00					
07.00	beruflicher Block Autofirma	beruflicher Block zu Hause		beruflicher Block Steuerbüro	beruflicher Block Autofirma
08.00			beruflicher Block zu Hause		
09.00		beruflicher Block Steuerbüro			
10.00					
11.00					
12.00			beruflicher Block Autofirma		
13.00				beruflicher Block zu Hause	
14.00		beruflicher Block zu Hause			
15.00					
16.00					
17.00					
18.00					
19.00					
20.00					

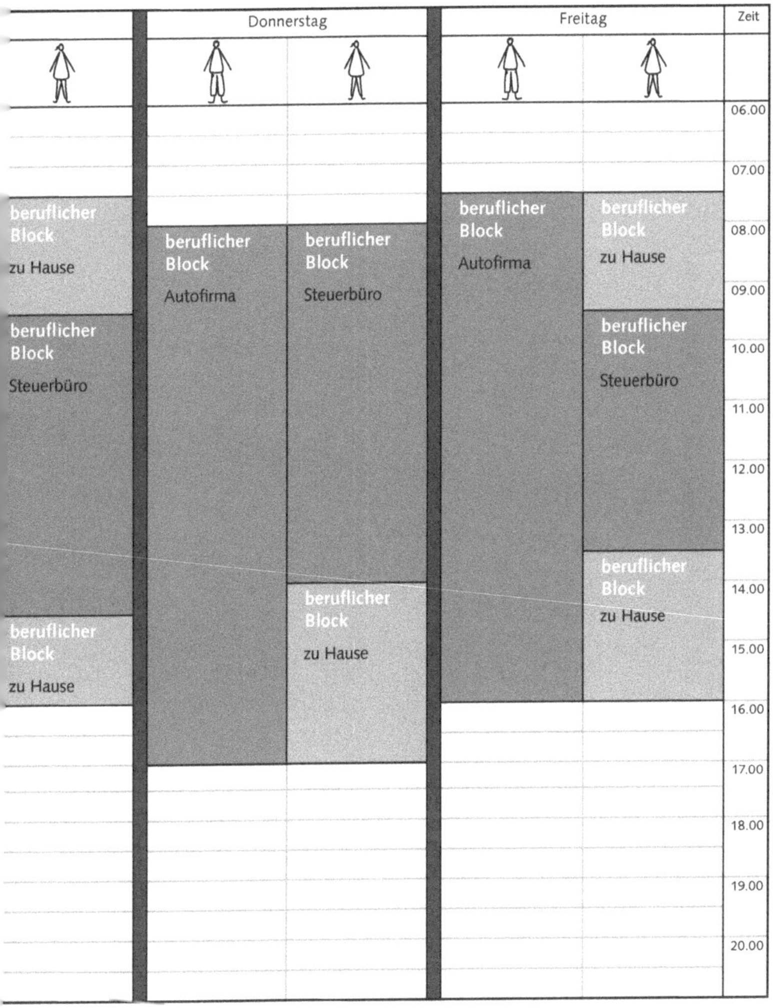

	Donnerstag		Freitag		Zeit
					06.00
beruflicher Block zu Hause			beruflicher Block Autofirma	beruflicher Block zu Hause	07.00
	beruflicher Block Autofirma	beruflicher Block Steuerbüro			08.00
beruflicher Block Steuerbüro				beruflicher Block Steuerbüro	09.00
					10.00
					11.00
					12.00
				beruflicher Block zu Hause	13.00
beruflicher Block zu Hause		beruflicher Block zu Hause			14.00
					15.00
					16.00
					17.00
					18.00
					19.00
					20.00

Werkzeug 2: Die Aufgaben

Die beruflichen Blöcke dienen nun als Ausgangspunkt für die weiteren Schritte zum Familienwochenplan. Das zweite und dritte Werkzeug befassen sich mit der detaillierten Aufteilung der Aufgaben in der Familie.

Die Partner verschaffen sich zunächst einen Überblick über alle Aufgaben, die für die Familie zu erfüllen sind. Zwei Arten von Aufgaben lassen sich unterscheiden:

Die Tagesaufgaben

Die erste Art von Aufgaben sind die, die das Familienleben regeln. Sie sind an bestimmte Tageszeiten gebunden und nicht aufschiebbar (z.B. die Kinder morgens zu wecken und abends ins Bett zu bringen, die Kinder zu Arzt- oder Sportterminen zu fahren oder das tägliche Begleiten der Hausaufgaben und das zusätzliche Üben für die Schule usw.). Bei diesen Aufgaben muss es immer einen zuständigen Erwachsenen geben, der die Verantwortung für die familiären Abläufe in einem bestimmten Zeitintervall übernimmt. Die meisten dieser Aufgaben sind oder werden Routine (beispielsweise: jeden Abend wird um neunzehn Uhr zu Abend gegessen). Nicht alle Abläufe sind vollständig vorhersehbar. Es könnte einmal passieren, dass der Sohn den Bus verpasst, und dadurch eine halbe Stunde zu spät zum Abendbrot kommt.

Schreibt man auf, was zu den Alltagsroutinen in den Phasen des Tagesablaufs gehört, dann können die Notwendigkeiten von einem der beiden Partner oder von einem Stellvertreter der Eltern wahrgenommen werden. Jeder kann nahtlos übernehmen, wenn er an der Reihe ist. Am Anfang des Umgangs mit dem **Familienkonzept** kann es sinnvoll sein, die Aufgaben nicht nur zeitlich geordnet aufzuzählen, sondern auch ein paar Stichworte darüber zu notieren, wie diese Arbeiten auszuführen sind. Vor allem, wenn ein Elternteil diese Aufgaben noch nie erledigt hat, hilft ihm ein solcher Merkzettel. Keinesfalls aber sollte der Elternteil, der diese Tätigkeiten bisher allein ausgeführt hat, den Anspruch erheben, darüber zu bestimmen, wie der andere sie auszuführen hat. Das „Wie“ wird ebenso gleichberechtigt ermittelt wie das „Was“. Beides orientiert sich an den Notwendigkeiten der Situation, den Bedürfnissen der Familienmitglieder und dem Vermögen des Zuständigen. Jeder sollte die Aufgaben so gut es geht und so gelassen er kann erledigen. Mit der Zeit spielen sich die Routinen ein, so dass beide Partner genau wissen, was zu einem bestimmten Zeitpunkt „dran“ ist. Im **Familienkonzept** wird diese Art von Verantwortlichkeit „Tagesaufgaben“ oder, wenn größere Zeiträume dafür eingeplant werden, „Chefaufgaben“ genannt. Eine Familie kann ganz andere Bezeichnungen wählen.

Im Folgenden soll ein Beispiel zeigen, wie ein Merkzettel für die Tagesaufgaben aussehen könnte. Dieser Merkzettel und alle anderen Listen in diesem Buch sind nur beispielhaft gemeint (und sind deshalb wie die Fallbeispiele im Text kursiv gesetzt.) Sie erheben keinen Anspruch auf Vollständigkeit. Jede Familie findet andere Bezeichnungen und Abkürzungen und entwickelt ihre eigene Art, zwischen Tages- und Zusatzaufgaben zu unterscheiden.

Tagesaufgaben	
morgens:	
6 Uhr	*Wecken* *Anziehen der Kinder unterstützen* *Frühstück zubereiten*
7 Uhr	*Frühstück* *Vorblick auf besondere, erwartbare Tagesereignisse*
7.30 Uhr	*Kinder startklar machen und verabschieden* *Küche aufräumen*
mittags:	
13 Uhr	*Kinder von der Schule abholen* *Kochen*
13.30 Uhr	*Essen* *Küche aufräumen* *Mittagsruhe*
nachmittags:	
14.30 Uhr	*Hausaufgaben betreuen*
15.30 Uhr	*Obstmahlzeit* *Kinder zu Veranstaltungen, Kursen, Therapeuten, Freunden (etc.) bringen* *Organisatorische Telefongespräche* *Mails des Tages erledigen* *Fehlendes fürs Abendbrot kaufen* *Alternative: Zeitinsel*

abends:	
17.30 Uhr	*Abendbrot herrichten/kochen*
18-18.30 Uhr	*Abendessen*
18.30 Uhr	*Küche aufräumen*
19 Uhr	*Kinder baden*
19.30 Uhr	*Kinder ins Bett bringen*
20 Uhr	*aufräumen, für morgen planen, evtl. telefonieren*

Die Zusatzaufgaben

Zu der zweiten Art von Aufgaben gehören jene, die wiederkehrend erfüllt werden müssen, aber nicht an bestimmte Zeiten gebunden sind (z.B. Waschen, Putzen, Büroarbeiten oder die Bankgeschäfte zu erledigen usw.).Einige wenige dieser Aufgaben kann ein Partner in dem Teil seines beruflichen Blocks erledigen, den er zu Hause durchführt. Der Rest wird, wenn möglich, während der Chefzeit (siehe nächstes und übernächstes Kapitel) oder in der freien Zeit erledigt.

Im **Familienkonzept** werden diese als„Zusatzaufgaben“ bezeichnet. Man kann sie auch „Wahlaufgaben“ nennen.

Im Folgenden zeigt eine mögliche Auswahl, welche regelmäßig zu erfüllenden Aufgaben in der Familie, die von einem Elternteil übernommen werden, beispielsweise zu den Zusatzaufgaben gehören.

Eine Auswahl für Zusatzaufgaben	
W	*Wäsche: Waschen, Trocknen, Falten, Verteilen, Waschmittel kaufen, Maschine warten*
B	*Bankkonto führen*
Bü	*Büro führen: Versicherungen, Rente, Buchhaltung, Steuerberater, Post, Mails, Telefonate, Büromaterial kaufen*
F	*Fuhrpark: Auto, Kauf, Reparatur, Inspektion, TÜV, Tanken, Fahrräder*
G	*Arzt und Gesundheitsvorsorge: Termine planen, organisieren, durchführen*
O	*Handwerker, Putzhilfe, Lieferanten, organisieren*
Sch	*Schule: Elternabende, Lehrerkontakte, Nachhilfe, Veranstaltungen Sohn und Tochter*
Kl	*Kleidung kaufen, zur Reinigung, zum Nähen, zum Bügeln bringen*
U	*Urlaub: planen, organisieren*
G	*Garten: Vorgarten, Beete, Rasen, Blumen pflanzen, gießen (drinnen und draußen)*
Kü	*Kontrolle Küche: Kühlschrank abtauen, Vorräte überprüfen, Geschirr nachkaufen*
T	*Technik: Elektronische Geräte kaufen, warten, Störungen beheben*
Soz	*Ehrenamt und soziales Engagement, Pflege von Angehörigen*
D	*Dokumentation: Archivieren von Fotos, Filmen und gemalten Bildern der Kinder*

Jedes berufstätige Paar wird nun feststellen, dass die Zeiten ihrer beruflichen Blöcke, in denen häusliche Arbeit geleistet wird, nicht ausreichen, um alle Aufgaben, die im Familienleben anfallen, zu erledigen. Die vielen restlichen Aufgaben werden auf die Eltern aufgeteilt.

Die Verteilung der Zusatzaufgaben

Die Zusatzaufgaben, die nicht in die beruflichen Blöcke gehören, werden unter den Partnern zu gleichen Teilen (jeder die Hälfte) aufgeteilt. Diese Zuordnung wird für jeden Partner für einen größeren Zeitraum, z.B. für ein halbes Jahr vereinbart. Manchmal passen bestimmte Aufgaben aufgrund von Neigung oder Kompetenz so gut zu einer bestimmten Person, dass alle es angenehm finden, die Zuordnung über längere Zeiten so zu lassen. Dies sollte nach Möglichkeit immer eine Ausnahme bleiben, weil die Spezialisierung einer Person leider zur Folge hat, dass die anderen unselbstständig und angewiesen bleiben in Bezug auf diese Aufgabe. Der Gleichberechtigung tut es enorm gut, wenn man sich mit den Aufgaben abwechselt.

Jeder Partner verteilt nun seine selbst gewählten und gemeinsam vereinbarten Aufgaben nach eigenen Kriterien in seinen Kalender.

Hat ein Partner eine Zusatzaufgabe für einen definierten Zeitraum fest übernommen, muss er die Aufgabe nach den Erfordernissen der Familie erfüllen. Dafür wird er am Anfang, wenn er die Aufgabe übernimmt, von der Familie mit den Wünschen der anderen Familienmitgliedern ausgestattet. Er muss die Aufgabe zufriedenstellend, aber nicht perfekt erfüllen. Darüber hinaus darf er selbst allein darüber bestimmen, wann und wie er die Aufgabe erledigt.

Stellen wir uns vor, ein Vater übernimmt als Zusatzaufgabe, die Wäsche der Familie zu waschen. Ob er am Wochenende oder einmal in der Woche abends wäscht, darf ihm niemand vorschreiben, auch nicht welches Waschpulver er nimmt. Hat dagegen ein Familienmitglied eine Allergie gegen bestimmte Bestandteile von Waschmitteln, dann muss er ein solches wählen, das von diesen Bestandteilen frei ist.
Er entscheidet, welche Hilfsmittel er braucht, ob er neue Wäscheständer oder einen Trockner kaufen will. Er organisiert, wie die Familienmitglieder die frisch gewaschene Wäsche bekommen, beispielsweise ob er sie in Stapeln auf den Boden vor die Zimmertüren legt oder die Familienmitglieder sich die Wäsche in Stapeln vorsortiert selbst im Waschraum holen müssen. Aber er muss so häufig waschen, dass alle immer noch etwas zum Anziehen haben.

Die Verteilung der Tagesaufgaben

Die Tagesaufgaben beziehen sich auf Zeiten des Familienlebens. Derjenige, der Tagesaufgaben erfüllt, hat alles zu erledigen, was zu den Aufgaben des verantwortlichen Erwachsenen in der Familie innerhalb eines ausgehandelten Zeitraums gehört. Der Zuständige orientiert sich dabei an Tages- und Wochenabläufen, wie sie in der Familie üblich sind.

Das Kapitel über das dritte Werkzeug beschreibt genau, wie die Partner mit den Tagesaufgaben umgehen können.

Mithilfe der Verteilung der Aufgaben erhält jeder Partner ein Profil seiner Aufgaben in einer Woche.

Profil für P (Teil eines berufstätigen Paares ohne Kinder)	
Tagesaufgaben:	
Mo:	*Einkauf auf dem Weg vom Sport mitbringen, Abendbrot, Küche*
Di:	*Mittagessen, Küche, Aufräumen, Wohnung putzen*
Mi:	*Frühstück, Küche, Bank*
Do:	*Abendbrot, Schreibtisch, Telefonate, Kühlschrank: Überblick plus säubern*
Fr:	*Frühstück, Einkauf, Auto, Garten*
Sa:	*Mittagessen und Nachmittags- und Abendgestaltung einschließlich Abendbrot*
So:	*Frühstück, Vormittagsgestaltung*

Zusatzaufgaben:	
W	*Wäsche*
F	*Fuhrpark: Auto und Fahrräder*
E	*Einkaufen*
M	*Müll*
D	*Fotos, Filme, Bilder, Deko*
G	*Garten und Vorgarten pflegen*
U	*Urlaubsplanung vorbereiten, nach gemeinsamer Entscheidung durchführen*

Will man am Ende der Aufgabenverteilung schon einen vorläufigen Wochenplan erstellen, so setzt man verschiedene Kürzel für die einzelnen Aufgaben ein. Das folgende Beispiel eines solchen Plans enthält die beruflichen Blöcke und die Aufgabenverteilung der Partner.

Wochenplan 2

Zeit	Montag		Dienstag		Mittwoch		Donnerstag
	🧍	🧍	🧍	🧍	🧍	🧍	🧍
06.00	**TA**: Frü			**TA**: Frü	**TA**: Frü		
07.00	beruflicher Block Autofirma	beruflicher Block zu Hause **ZA**: A+S		beruflicher Block Steuerbüro	beruflicher Block Autofirma	beruflicher Block zu Hause **ZA**: A + S	
08.00			beruflicher Block zu Hause **ZA**: A + S Bü Ga				beruflicher Block Autofirma
09.00		beruflicher Block Steuerbüro				beruflicher Block Steuerbüro	
10.00							
11.00			beruflicher Block Autofirma				
12.00							
13.00				beruflicher Block zu Hause **ZA**: M Mü Gl Fl			
14.00		beruflicher Block zu Hause Sport ⇆ So Reiten ⇆ To Ha So + To				beruflicher Block zu Hause Physio ⇆ So	
15.00							
16.00	**ZA**: E + W				**ZA**: E		
17.00							**ZA**: B + T
18.00		**TA**: Ab	**TA**: Ab			**TA**: Ab	**TA**: Ab
19.00							
20.00	EA: To						

TA	**Tagesaufgabe**	W	Wäsche	Ha	Hausaufgaben betreuen
ZA	**Zusatzaufgabe**	B+T	Bad + Toilette putzen	S	Staubsaugen
CH	Chefdienst	Ga	Garten + Vorgarten	Ti	Tiere versorgen
F	Frei	Gl	Glasmüll	Sp	Spülmaschine ausräumen
←	fahren zu	Fl	Pfandflaschen		
→	abholen von	M	Müll hinausbringen		
E	einkaufen	Mü	Müll zur Straße bringen		

	Freitag		Samstag		Sonntag		Zeit
							06.00
TA: Frü	TA: Frü			TA: Frü	TA: Frü		
			ZA: P unten	ZA: Soz		ZA: P oben	07.00
	beruflicher Block Autofirma	beruflicher Block zu Hause	ZA: W				
beruflicher Block Steuerbüro							08.00
		ZA: A + S					09.00
		beruflicher Block Steuerbüro					
					Sport ⇆ So Reiten ⇆ To		10.00
							11.00
							12.00
							13.00
beruflicher Block zu Hause Sport ⇆ So Ha So + To		beruflicher Block zu Hause					14.00
		ZA: Fu Ha So + To					15.00
	ZA: P				ZA: Ga		16.00
	ZA: E						
							17.00
		TA: Ab	TA: Ab			TA: Ab	18.00
							19.00
					ZA: U		20.00

A	Aufräumen im Gemeinschaftsbereich	O	Handwerker, Putzhilfe, Lieferanten organisieren	D	Dokumentationen von Fotos, Filmen, Bildern
Bl	Blumen gießen	Sch	Schule	U	Urlaub planen
Ti	Tisch decken	Fu	Fuhrpark	EA	Elternabend
B	Bankkonto	T	Technik	Frü	Frühstück
Bü	Büroarbeiten	P	Putzen	Ab	Abendbrot
G	Gesundheit	Soz	Soziales Engagement		

Die Aufgaben und der beruflichen Block zu Hause

Je kleiner die Kinder sind, umso wichtiger ist es für ihr gesundes Aufwachsen, dass mindestens ein Elternteil – besser beide – bereit sind, in einem Teil ihrer beruflichen Zeit die Familienarbeit zu verrichten. Selbstverständlich kann diese Arbeit an andere Menschen (Großeltern, Tagesmütter oder –väter, Krippen oder andere Betreuer) delegiert werden. Besonders wenn die Kinder noch Babys oder Kleinkinder sind, stellen Eltern fest, dass diese Aufgaben nicht vollständig delegierbar sind, weil ein Teil des Familienlebens erst entsteht, wenn ein Elternteil dafür sorgt. Jedes Elternpaar muss für seine eigene Familie herausfinden, wie es gelingen kann, die außerhäuslichen beruflichen Aufgaben mit den familiären Aufgaben „unter einen Hut zu bringen".

Vom pädagogischen Gesichtspunkt aus betrachtet ist in der Kleinkinderzeit jede Minute, in der sich ein Elternteil um die Kinder selbst kümmern kann, ein Gewinn für die Kinder. Dabei geht es selbstverständlich für die Kinder nicht darum, dass die Eltern in den Zeiten den Haushalt erledigen, sondern um den engen Kontakt. Die Muße, die entsteht, wenn Eltern sich für die Kinder Zeit nehmen, gibt familiäre Geborgenheit und Entspannung. In dieser Phase des Erziehens ist es also ratsam, möglichst viele Aufgaben zu delegieren, die den Haushalt betreffen, und möglichst viele Aufgaben als Eltern selbst wahrzunehmen, die mit den Kindern zu tun haben. Wobei zum Glück viele Tätigkeiten im Haushalt gut mit Kindern gemeinsam zu erledigen sind. Auch wenn die Kinder schon im Kindergarten oder in der Schule sind, benötigen sie diese Geborgenheit in den Zeiten, in denen sie zu Hause sind. Je älter die Kinder werden, desto freier werden die Eltern in ihrer Zeiteinteilung, weil die Kinder zunehmend Zeiten außerhalb des Elternhauses verbringen. Aber auch einem fast 18-jährigen Heranwachsenden tut es gut, wenn ein Elternteil ab und zu für eine herzliche Umarmung, für einen Spaziergang oder zum Teetrinken und Zuhören Zeit erübrigen kann.

Der Elternteil, der einen Teil der Zeit seines beruflichen Blocks der Familie zur Verfügung stellt, sollte genau und differenziert auflisten, welche Aufgaben in diesen Teil gehören sollen. Zunächst werden hier Tagesaufgaben (beispielsweise das Abholen von Kindern zu bestimmten Uhrzeiten am Nachmittag oder Arzttermine) eingesetzt. Paare ohne Kinder können in ihre beruflichen Blöcke zu Hause Tagesaufgaben (Geschirr spülen, Kochen) und Zusatzaufgaben (Wäsche waschen, Auto warten) eintragen. In bestimmten Entwicklungsphasen der Kinder kann ein Elternteil neben der Versorgung der Kinder (Tagesaufgaben) nur sehr wenig „nebenher" (Zusatzaufgaben) erledigen. Wenn die Kinder schon selbstständiger sind, kann dieser Elternteil sich wesentlich mehr Zusatzaufgaben für die Zeiten des häuslichen Teils seines beruflichen Blocks vornehmen, wie Wäsche waschen oder Fenster putzen. Die Frage ist, ob er es will, oder ob er die Zeit der Tagesaufgaben nicht lieber für eine Zeitinsel nutzt, um Kontakt zu den Kindern zu haben und das Familienleben zu genießen.

Gegebenenfalls wird darüber unter den Partnern produktiv gestritten, bis beide mit den Aufgaben, die in diesen Block gehören sollen und vor allem mit den Aufgaben, die in den Block nicht gehören sollen, einverstanden sind. Diejenigen, die nicht in den beruflichen Block gehören sollen, sind dann automatisch Aufgaben, die von beiden Partnern zu gleichen Teilen zu erledigen sind.

Soziale Aufgaben

Ob und inwiefern zusätzliche soziale und ehrenamtliche Aufgaben in den beruflichen Block oder in die Freizeit gehören, wird jede Familie individuell aushandeln. Das Versorgen von pflegebedürftigen Verwandten, die in oder außerhalb der Familie leben, gehört eindeutig in die beruflichen Blöcke der Eltern. Das ehrenamtliche Engagement für den Kindergarten oder für die Schule der Kinder als gewählte Elternvertreter oder um Kuchen fürs Sommerfest beizusteuern wird zu den beruflichen Blöcken hinzugerechnet. Wenn die Familie das soziale Engagement beispielsweise des Elternteils, der weniger Stunden außer Haus berufstätig ist, als gemeinsames Engagement auffasst und es unterstützt, so wird sie es mit Selbstverständlichkeit als Teil des beruflichen Blocks behandeln. Alle Familienmitglieder werden stolz darauf sein. Abgesehen davon wirkt diese Tätigkeit vorbildhaft auf die Kinder.

Wenn die Familie dagegen dringend benötigt, dass ein Elternteil die Zeiten seines beruflichen Blocks, die nicht für das Geldverdienen gebraucht werden, für familiäre Bedürfnisse bereitstellt, dann wird sie ehrenamtliche Tätigkeiten nicht als Bestandteile der beruflichen Blöcke definieren können. Wenn beide Eltern beispielsweise mit hoher Stundenzahl einer außerhäuslichen beruflichen Tätigkeit nachgehen, so benötigt die Familie jede übrig bleibende Minute für die nicht verzichtbaren Mußeinseln im Familienleben. In einem solchen Falle kann ein Elternteil ehrenamtliche Aufgaben allenfalls in seiner Freizeit leisten, falls er seine eng bemessene Freizeit nicht zur Erholung braucht.

Stunden zählen?

Zugegeben: Für Menschen, die sich **das Familienkonzept** neu erarbeiten, mag das Zählen von Stunden und das Austarieren der Gleichwertigkeit der beruflichen Blöcke aufwändig erscheinen. Dieser Aufwand ist nur am Anfang erforderlich und trägt anschließend so reife Früchte, dass es sich lohnt, ihn auf sich zu nehmen. Schon sehr bald wird der einmal erarbeitete Plan zur Selbstverständlichkeit, auf die niemand in der Familie mehr verzichten möchte, weil sie ein für allemal Gerechtigkeit schenkt. Im Abschnitt „Gleichwertigkeit“ wird erläutert, wie Familien ohne zu streiten eine faire Aufteilung aushandeln können.

Exkurs: Umgang mit dem Familieneinkommen

Das Familienkonzept macht sichtbar, dass beide Partner in gleicher Intensität zum beruflichen und privaten Leben der Familie beitragen, wobei ihr Beitrag sich häufig sehr deutlich voneinander unterscheidet. Eins der tragenden Prinzipien des **Familienkonzeptes** ist es, dass beide Partner pro Woche oder pro Tag gleich viele berufliche Stunden (Geld verdienend oder Haus- und Erziehungsarbeit verrichtend) für die Familie tätig sind. Während der eine Partner in einem bestimmten Zeitraum in einem Beruf arbeitet, mit dem er das Familieneinkommen verdient, ermöglicht der andere gerade, dass er überhaupt arbeiten kann und umgekehrt. Daraus ergibt sich, dass das gesamte Geld, welches durch jede Art von Tätigkeit erwirtschaftet wird, beiden Partnern gleichermaßen zusteht. Deshalb ist es sinnvoll, dass beide Partner gleichberechtigt über dieses Geld verfügen können.

Zieht man von der Summe des Einkommens alle ständigen und aktuellen Kosten ab, bildet eventuell noch eine Rücklage, reserviert einen gemeinsam ermittelten Betrag für Helfer, dann kann das restliche Geld entweder gemeinsamen Zielen dienen oder jeweils zur Hälfte den Partnern zukommen.

Gleichberechtigter Umgang mit dem gemeinsamen Geld macht Entscheidungsprozesse nötig. (Wofür wird wie viel Geld ausgegeben? Wie viel Geld steht dem Einzelnen zur freien Verfügung zu?) Bei Entweder-Oder-Entscheidungen mag es vorkommen, dass einer der Partner seinen Standpunkt durchsetzen kann. Dann ist es selbstverständlich, dass bei der nächsten Entscheidung der Standpunkt des anderen Partners gewählt wird.

Werkzeug 3: Die Chefaufgabe

Die familiäre Bedeutung der Chefaufgabe

Waren die bisher beschriebenen Werkzeuge des **Familienkonzepts** auch für Paare ohne Kinder zu gebrauchen, so stellt die Chefaufgabe ein Werkzeug für eine Familie mit Kindern dar. Derjenige Partner, der Tagesaufgaben im Familiengeschehen erfüllen muss, ist immer der Chef in der jeweiligen Situation. Einerseits tritt diese Aufgabe in den Verantwortungsbereich für die Position, die früher „Familienoberhaupt" genannt wurde. Andererseits erfüllt der jeweilige Chef die Funktionen, die früher die „Hausfrau" erfüllt hat. Gleichberechtigt wechseln sich die Partner ab, die Zuständigkeit für die moderne Form dieser Rolle in definierten Zeiten zu übernehmen. Neben ihrer organisatorischen Stärke hat die Chefaufgabe eine zutiefst pädagogische Bedeutung. Sie schenkt den Kindern Geborgenheit und Halt ohne Machtausübung. Sie gewährleistet, dass Kindheit ein Spielraum zum Aufwachsen bleibt. Sie verhindert, dass Kinder aufgrund der Berufstätigkeit der Eltern schon zu sehr wie Erwachsene „funktionieren" müssten. Deshalb ist die Chefaufgabe, pädagogisch gesehen, das Herzstück des **Familienkonzeptes**.

Die Tagesaufgaben, die Eltern erfüllen, werden im weiteren Text vor allem dann Chefaufgaben genannt, wenn es sich nicht nur um begrenzte, kleinere Aufgaben handelt, sondern, wenn größere Zeiträume betroffen sind. Die Bezeichnung „Chef" soll in diesem Buch humorvoll gemeint sein. Sie ist kurz und wird von den meisten Kindern sehr gemocht. In der konkreten Kommunikation in der Familie kann es angemessen sein, wenn für die Mutter oder eine andere weibliche Person, die die Chefaufgabe erfüllt, die weibliche Formulierung „Chefin" verwendet wird. Wer mit den Begriffen „Chef" oder

„Chefin" negative Assoziationen verbindet, beispielsweise durch Erfahrungen von Autorität oder Dominanz, der möge ihn durch einen anderen ersetzen. Hierfür kämen vielleicht Bezeichnungen wie „der/die Verantwortliche" oder „die/der Zuständige" in Frage.

Der Chef für eine festgelegte Zeit muss die Aufgaben im Sinne der Familie erledigen, aber er hat alle Rechte, sie so zu gestalten, wie er es für sinnvoll hält. Hat ein Elternteil beispielsweise das Abendbrot übernommen, so ist er nicht nur für das Kochen, für das Auf- und Abräumen und das Spülen zuständig, sondern für alle anstehenden Elternaufgaben rund um das Abendbrot, z.B. das Tischgespräch regeln, Erziehungsaufgaben während des Abendbrots erfüllen, Fragen beantworten, Erlaubnisse oder Verbote aussprechen, das Abendbrot rechtzeitig beenden, ein Kind trösten.

Klarheit in der Verantwortungsübernahme

Ein Vater sagt zu seiner Frau: „Ich erledige mindestens so viel im Haushalt wie du. Trotzdem meckerst du noch darüber, dass ich zu wenig Verantwortung übernehme!"
Seine Frau antwortet: „Das stimmt, du erledigst viele Dinge, das ist wirklich gut. Aber ich muss immer nachbessern oder kontrollieren. Du saugst den Wohnzimmerboden so ungenau, dass die Hälfte der Krümel liegen bleibt. Du deckst den Tisch schon ab, wenn unser Jüngster noch nicht aufgegessen hat. Dann bleibt sein Teller stehen und der Tisch schmutzig bis ich das Abendbrot mache. Dann ärgere ich mich, dass du deine Aufgabe nur halb gemacht hast und ich es für dich tun muss."

In der alten Rollenaufteilung hatte die „Hausfrau" die Verantwortung für das Haushalts- und Erziehungsgeschehen in der Familie. Wenn der Vater eine Aufgabe aus diesem Bereich übernommen hat, hieß es, „er hilft seiner Frau". Der Unterschied zum **Familienkonzept** wird hier deutlich: Der jeweilige Chef „hilft" nicht nur, sondern er übernimmt die vollständige Verantwortung für alle Elemente der Situation, für die minderjährigen Kinder, ihre Handlungen und Bedürfnisse, für alle Entscheidungen und ihre kurzfristigen und langfristigen Folgen, für den Zeitplan und seinen Anschluss an das Vorher und Nachher und für alles andere, was eventuell noch berücksichtigt werden muss, bis hin zum Kümmern um jedes Detail. Im Übergang von den alten Rollen zum neuen Konzept können sich Väter im häuslichen Bereich eigenständiger und selbst bestimmter entfalten, übernehmen aber die vollständige Verantwortung. Mütter können sich entlastet fühlen, haben aber die Aufgabe, Dominanz und Kontrolle über diesen Bereich loszulassen. Sie geben ihre Bestimmungshoheit darüber, wie die Aufgaben in der Familie ausgeführt werden sollen, ab. Heute nehmen zwei gleichberechtigte Positionsinhaber, wenn zwei Eltern vorhanden sind, das gesamte Aufgabenspektrum wahr, und wechseln sich in der Ausübung (in einem von ihnen festgelegten Rhythmus) ab. Es gibt keine „typisch männlichen" oder „typisch weiblichen" Aufgaben mehr. Dies hat den pädagogischen Vorteil, dass die alten Rollenklischees nicht mehr an die Kinder weitergegeben werden. Die Kinder erhalten ein hohes Maß an Sicherheit und Orientierung, weil beide Eltern in allen Bereichen kompetent sind. Eltern die dieses Konzept heute schon leben, genießen sowohl in ihrem privatem als auch in ihrem beruflichen Umfeld hohe Anerkennung und Achtung für diese Leistung.

Erziehungsstil und Erziehungshaltung

Die Person, die die Cheffunktion erfüllt, übernimmt die Verantwortung für die Abläufe des Tagesgeschehens in der Familie. Sie versteht sich als Begleiter der Kinder. Sie arbeitet für die Familie. Dabei geht sie liebevoll, fürsorglich, allparteilich und gerecht vor. Wenn sie Grenzen setzen oder Erlaubnisse versagen muss, so bleibt sie dabei sachlich und mitfühlend. Sie erklärt oder begründet ihre Entscheidungen kurz, ohne sich zu rechtfertigen. Sie ist bereit, sich für Momente unbeliebt zu machen, und toleriert weitgehend, wenn die Kinder ihren Frust oder ihr Missfallen emotional äußern. Sie verhindert Gewalt, Zerstörung, Verletzung von ausgehandelten Absprachen. Sie bejaht Konflikte, wenn sie fair ausgestritten werden. Sie tröstet, zeigt Verständnis, eröffnet neue Perspektiven, hilft Lösungen für Probleme zu suchen. Sie entschuldigt sich für ihre Fehler, hält Verabredungen ein und bewahrt die Familienregeln. Dabei ist sie so großzügig wie möglich und so entschieden wie nötig, damit sich jedes Familienmitglied geborgen fühlen kann. Moralische Urteile und Vorwürfe werden vermieden. Sie verraten sich durch eine vorwurfsvolle Stimme, durch das Wörtchen „doch", durch die Aufzählung von Fehlern, die in der Vergangenheit begangen wurden („immer machst du...", „nie machst du..."). Anordnungen, Befehle, dominantes Verhalten wie Schreien, Schimpfen, Androhungen von Strafen, aber auch Motivationsversuche durch Belohnungen und alle anderen machtvollen und rechthaberischen Äußerungen sind in der Cheffunktion fehl am Platz. Die faire Art und Weise, wie die Eltern die Cheffunktion ausüben, gibt den Kindern ein lebendiges Vorbild für die ethischen Werte, die die Eltern an die Kinder weitergeben wollen.

Gleichberechtigung

Insgesamt ist es für die Ausgewogenheit im Beziehungssystem der Familie langfristig von zentraler Bedeutung, auf keinen Fall die folgenschweren Irrtümer, denen vorige Generationen mit der Ungleichheit der Belastungen in den familiären Rollen (von Mann und Frau oder von Vater und Mutter) ausgesetzt waren, fortzusetzen. Ebensolche negativen Entwicklungen sind geschehen, wenn die so genannten „Hausfrauenarbeiten" von einem Mann praktiziert wurde. Die „Hausfrauenrolle" in ihrer Abhängigkeitssituation ohne eigenes Einkommen und sozialen Status verlor mit zunehmendem Alter der Kinder an Sinnerfüllung und Legitimation nach innen und außen. Das Abnehmen des Gebrauchtwerdens führte viele Menschen in eine Sinnkrise oder in eine Depression. Meist gab es zu diesem Zeitpunkt schon keine Alternative mehr, ins berufliche Leben zurückzukehren. Die totale Festlegung der Partner auf die Berufstätigkeit auf der einen Seite und die familiäre Tätigkeit auf der anderen Seite entfremdete die Partner gegenseitig von ihren Lebenswelten. Verständnis und Achtung gingen verloren. Abwertung oder Ignoranz gegenüber der anderen Seite konnten entstehen. Diese Entwicklungen haben dazu beigetragen, dass depressive und aggressive Strukturen in Familien entstanden.

Von ihren Folgen für die Familien möchte ich hier nur einige nennen:

Auf der Seite der ehemaligen „Hausfrauenrolle“:

- Verlust der beruflichen Karriere
- Unzufriedenheit oder Opfergefühl („Meckern“, Jammern, Vorwürfe)
- Erschöpfung, Burnout, Depression
- Enttäuschung, Gefühl des Alleingelassen-Werdens in Bezug auf die Erziehung der Kinder
- Verlust der Achtung für den Partner
- Verlust der Erotik in der Partnerschaft

Auf der Seite der ehemaligen „Geldverdienerrolle“:

- Unverständnis für die Belange der Familie und der Partnerin, Entfremdung
- Ungeduld, Aggressionen, Schuldgefühle, Einsamkeitsgefühle
- hohe Belastung durch die alleinige Verantwortung für die existenzielle Absicherung der Familie (bis zum Burnout)
- Verlust der Achtung und der Erotik in der Partnerschaft
- Verlust der Bindung an die Kinder:
  Informationsverlust, Verständnisverlust,
  Verlust von körperlicher und seelischer Nähe,
  Vertrauensverlust

Auf der Seite der „ehemaligen Kinder“:

- Entfremdung vom Vater
- nicht authentische Vorbilder
- Festgelegtheit in den vorgelebten Rollenerwartungen
- Ungerechtigkeitsempfindung unter gegengeschlechtlichen Geschwistern in der Erziehung
- Sorge um den Erhalt der Partnerschaft der Eltern

- Belastung durch Streit und Unrechtsempfinden bei den Eltern
- Loyalitätskonflikte
- Ohnmachts- und Schuldgefühle aufgrund der Unzufriedenheit der Mutter (bei Jungen schlägt diese Gefühlslage nicht selten in Aggression um)
- Unsicherheit in der Identitätsentwicklung bei Jungen durch den Verlust der Nähe zum gleichgeschlechtlichen Elternteil

Um die Systembedingungen zu verändern, die zu diesen und anderen Fehlentwicklungen beigetragen haben, können moderne Partner entschieden neue Wege gehen. Es darf ihnen nicht als „Pingeligkeit" oder „Kleinkariertheit" ausgelegt werden, wenn sie Stunden zählen und für jede halbe Stunde Ausgleich fordern. Sie müssen so rigoros sein, denn in ihnen wirken die falschen Vorbilder der Eltern- und Großelterngenerationen noch nach. Würden sie allzu unachtsam mit dem Gleichheitsanspruch umgehen, dann liefen sie Gefahr, in die alten Rollenmuster zurückzufallen und wären denselben Gefährdungen ausgesetzt wie ihre Eltern.

In der Familienberatung kann man die Erfahrung machen, dass Väter mindestens mit der gleichen Vehemenz die neuen Regeln einfordern wie Mütter. Dies zeigt mir, dass Väter der Erfahrungen überdrüssig sind, sich Vorwürfe anzuhören und Schuldgefühle mit sich zu tragen. Ebenso sind Frauen es leid, die familiären Belastungen allein tragen zu müssen und erheblich weniger Chancen auf eine berufliche Karriere zu haben.

Chef des Tages

In vielen Familien zeigt sich, dass es sinnvoll ist, die Chefaufgabe zeitlich für größere Abschnitte vorzusehen als nur für ein Abendbrot. Für die täglich wiederkehrenden, aktuellen Aufgaben (z.B. Mahlzeiten herzurichten oder die Kinder ins Bett zu bringen) bietet sich eine Regelung an, bei der sich die Partner beispielsweise tageweise abwechseln, diese Aufgaben zu erledigen. Für Partner, die aus beruflichen Gründen ausnahmsweise oder regelmäßig einige Tage am Stück nicht zu Hause sein können, bietet sich die Lösung des täglichen Wechselns nicht an. Stattdessen wählen die Partner einen anderen geeigneten Wechselrhythmus.

Da bei einer Familie ein Elternteil beim zu Bett Bringen immer viel länger braucht als der andere, beobachtet der andere, dass die Kinder morgens nicht gut aus dem Bett kommen. Deshalb vereinbaren sie, dass derjenige, der die Kinder ins Bett bringt, sie am nächsten Morgen weckt. Die Familie beschließt, dass der Chefdienst nachmittags bzw. abends nach dem Ende der beruflichen Blöcke beginnt und mit dem Beginn der beruflichen Blöcke am darauf folgenden Morgen endet.

Die meisten Eltern haben gute Erfahrungen damit gemacht, die Tagesaufgaben so zu organisieren, dass der Dienst des „Chefs des Tages" beginnt, wenn die beiden beruflichen Blöcke der Eltern am Tag zu Ende sind und bis zu dem Augenblick dauert, bis die beruflichen Blöcke am nächsten Morgen wieder beginnen. Wenn ein Elternpaar ein Baby hat, gehört die Versorgung des Kindes in der Nacht zu diesem Dienst, falls die Eltern dafür keinen eigenen Plan erstellen.

So bestreitet jeder Partner über den Zeitraum eines Nachmittags/Abends (eventuell auch der Nacht) und eines Morgens den Chefdienst und hat dann anschließend einen Nachmittag/Abend und einen Morgen frei. Am Wochenende organisieren die meisten Familien, die mit dem **Familienkonzept** arbeiten, den Chefdienst so, dass jeder Partner einen ganzen Tag der Chef ist und einen ganzen Tag frei hat. Der Chef des Tages regelt alle Belange des Familienlebens, die organisiert oder entschieden werden müssen. Zu dem Aufgabengebiet gehören alle erzieherischen Reaktionen, der Überblick über das Familiengeschehen, alle Arbeiten, die nötig sind, wie Aufräumen, Gäste bewirten, Schmutz beseitigen, Kinderbetreuung organisieren und vieles andere mehr. Es gehören alle Entscheidungen dazu, die den Chefdienstzeitraum betreffen oder die in diesem Zeitraum entschieden werden müssen. Auch die Organisation der Zeitstruktur der Familie gehört dazu.

Die Chefaufgabe und die Zeitinseln

Die Chefaufgabe ist eines der zentralen Werkzeuge des **Familienkonzeptes**. Während dieser Zeit findet das Familienleben statt. Es ist der Ort und die Zeit für Begegnungen der Familienmitglieder, für Nähe, vertraute Gespräche, Mußestunden. Es ist der Zeitraum, in dem die Eltern Rahmenbedingungen für die Identitätsbildung ihrer Kinder schaffen. Die Verantwortung für die Gestaltung dieser Zeiten hat mehr Bedeutung als nur die Organisation der familiären Abläufe. Wird dies nicht als zu künstlich empfunden, können Eltern in die Zeiten ihrer Chefaufgabe mögliche Zeitinseln als feste „Termine" in den Wochenplan setzen, um sicherzustellen, dass die Familie Muße hat. Nur allzu leicht geraten moderne Familien auch zu Hause in den Sog eines funktionierenden Ablaufs von Notwendigkeiten, der Nähe und Entspannung kaum noch zulässt.

Eltern tun gut daran, sich von Zeit zu Zeit ganz in Ruhe ohne die Kinder darüber zu verständigen, was die Familie in der gegenwärtigen Phase braucht, welche Mitglieder an welchem Punkt ihrer Entwicklung stehen, was oder wer sich verändert hat oder Veränderung benötigt. Solche elterlichen Gespräche geben jedem der Eltern eine übergeordnete Perspektive, die im schnellen Takt des Alltagslebens nicht selten abhanden kommt.

Freizeit der Partner

Freizeit

Chefdienst

Der Partner, der gerade nicht Chef des Tages ist, darf sich zu Recht nur als Mitglied der Familie (nicht als Erziehender oder Verantwortlicher) fühlen. Er kann sich gemütlich zu Tisch setzen und das Abendbrot genießen, seine Freizeit allein gestalten, sich zurückziehen oder einfach mitleben. Er darf allerdings keinerlei Kommentar zu dem Geschehen geben (auch nicht mit der hochgezogenen Augenbraue) und auf keinen Fall in den Verantwortungsbereich des anderen eingreifen.

Beginnt eine Familie, mit dem **Familienkonzept** zu arbeiten, so kann es für diejenigen, die bisher im herkömmlichen Sinne die „Mutter- und Hausfrauenrolle" übernommen hatten, sinnvoll oder sogar nötig sein, während der Koch- und Essenszeiten und dem zu Bett Bringen der Kinder das Haus zu verlassen, wenn der Partner der Chef des Tages ist. Die Person, die frei hat, kann in der ersten Zeit schöne, entspannende Freizeitaktivitäten unternehmen, beispielsweise ins Kino gehen, zum Sport oder mit Freunden etwas unternehmen. Sie kann ihre Freizeit bewusst genießen und abgelenkt sein, so dass sie nicht permanent innerlich bei den Themen der Familie bleibt. Meistens ist es hilfreich, mindestens einen Monat lang in diesen Zeiten den anderen wirklich allein zu Hause arbeiten zu lassen, um danach gegenseitige Akzeptanz bezüglich der Unterschiede gewähren zu können. Dies hilft dem einen Elternteil zu lernen, die Verantwortung vollends abzugeben. Und es ermöglicht dem anderen Elternteil, die Verantwortung zu übernehmen. Der Dienst habende Elternteil bekommt dadurch den Spielraum, seine eigene Art und Weise des Umgangs mit den Aufgaben zu entwickeln. Die kleinste Bewegung einer Augenbraue oder eine Muskelanspannung im Nacken des bisher für diese Aufgaben Verantwortlichen verraten sonst den Familienmitgliedern, dass die Person ihrem Partner die Chefaufgabe nicht zutraut. Dies hätte weit reichende negative Folgen für die Situationen, aber vor allem für die Rollenmuster in der Familie und damit für die Identitätsbildung der Kinder. Über die Bedeutung des **Familienkonzeptes** für die Identitätsbildung der Kinder findet sich ein Abschnitt im Kapitel über das fünfte Werkzeug.

Langfristig etablieren sich neue Gewohnheiten, beispielsweise zieht sich der Erwachsene, der Freizeit hat, direkt nach dem Essen in sein Zimmer oder ins elterliche Schlafzimmer zurück, um dort in Ruhe Beschäftigungen nachzugehen, die ihn entspannen. Die Kinder testen am Anfang, ob die Eltern diese Grenze ernst meinen. Dann muss eventuell einmal ein Konflikt die neuen Regeln durchsetzen oder zur Not (nur für diesen Moment) die elterliche Schlafzimmertür abgeschlossen werden. Schon sehr bald gewöhnen sich die Kinder an die neue Form des Zusammenlebens und genießen sie.

Ein Raum zum Zurückziehen

Bis in die Struktur des Wohnens hat das alte Rollenmuster der Familie seine Spuren hinterlassen. **Das Familienkonzept** macht einer Familie bewusst, dass nicht nur die Kinder eine Ecke, einen Bereich oder ein Zimmer für sich allein haben sollten, sondern auch die Erwachsenen. Die erwachsene Person, die Freizeit hat, bekommt eine Möglichkeit, sich zurückzuziehen und für sich zu sein. Ob dies ein eigener Raum oder das elterliche Schlafzimmer sein kann, ein Teil des Wohnzimmers, der sich durch einen Vorhang abtrennen lässt, oder ob es zeitliche Regelungen geben muss, wann einer bestimmten Person ein bestimmter Raum zur alleinigen Benutzung zur Verfügung steht, hängt davon ab, wie viel Platz die Familie hat und wie kreativ sie damit umgeht. Wenn erst einmal klar ist, dass jeder Person in der Familie ein Zeitraum frei verfügbarer Zeit zugestanden wird, in dem sie nicht von den anderen Mitgliedern der Familie beansprucht werden darf, dann entstehen Ideen, wie dies konkret im Alltagsleben umgesetzt werden kann.

Der berufliche Block zu Hause und die Chefaufgabe

Hier sei noch einmal daran erinnert, dass vorab einige der Zusatzaufgaben von dem Elternteil eventuell ausgewählt worden sind, der Stunden seiner beruflichen Zeit zu Hause für die Familie arbeitet. Diese Arbeiten werden in den beruflichen Blöcken fest verankert und verlässlich zu diesen Zeiten erledigt. Dabei besteht die Kunst darin, dass derjenige zugleich die Chefaufgabe zu erfüllen hat, wenn er der einzige erwachsene Ansprechpartner in diesem Zeitraum zu Hause ist. Selbstverständlich ist die Chefaufgabe vorrangig vor den Zusatzaufgaben zu erledigen, weil der Chef in vielen Situationen auf akute Bedürfnisse reagieren muss, während die Zusatzaufgaben verschiebbar sind. Kann dieser Elternteil eine Zusatzaufgabe aus Zeitknappheit nicht im vorgesehenen Zeitraum erledigen, dann muss er sie bald möglichst in seinem nächsten Chefzeitraum oder (wenn es unbedingt nötig ist) in seiner Freizeit nachholen.

Teamwork

Natürlich gibt es die Möglichkeit, Aufgaben, die mehr als einer Person bedürfen, gemeinsam zu erledigen, oder sich spontan gegenseitig bei einer Aufgabe zu helfen. Während eine Familie **das Familienkonzept** neu einführt, sollte man aber zunächst einmal auf diese Option verzichten, wenn es irgend möglich ist. Denn beide Partner und die ganze Familie benötigen eine gewisse Zeitspanne, in der die Spielregeln des **Familienkonzepts** erst einmal konsequent eingeübt und durchgehalten werden. Die alten Muster aus der Zeit der „Hausfrauenehe" schleichen sich sonst nur allzu schnell wieder ins System. Das hier völlig Neue ist vor allem die Erkenntnis und Gewohnheit, dass nicht jeder in der Familie ständig abrufbar für die anderen zur Verfügung stehen soll. Jeder hat ein Recht auf Freizeit, Erholung und Ruhe in bestimmten, ausgehandelten Zeiten. Und trotzdem ist für die Bedürfnisse der Kinder immer ein Erwachsener zuständig, nämlich der Chef/die Chefin. **Das Familienkonzept** braucht am Anfang Konsequenz und Klarheit, Aushandeln und Kommunizieren, bis es sich eingespielt hat.

Wenn **das Familienkonzept** schon ein gewohntes System der Familie ist, dann gehen selbstverständlich alle Familienmitglieder spielerisch und spontan damit um. Wenn Teamwork schon absehbar nötig ist, kann dies schon von vornherein eingeplant werden.

Im Kapitel über das fünfte Werkzeug, den Familienrat, wird das Aushandeln der Zusammenarbeit in der Familie näher beschrieben.

Vielleicht handelt sich ein Sohn ein Nein ein, wenn er die Mutter um einen Gefallen bittet. Die Mutter begründet ihr Nein damit, dass der Vater zu diesem Zeitpunkt die Chefaufgabe erfüllt. Sie hat

Freizeit und will sie für etwas anderes nutzen. Der Vater ist dann also der adäquate Ansprechpartner für den Sohn.
Genauso könnte die Mutter in einer anderen Situation zu einem ähnlichen Anliegen des Sohnes spontan Ja sagen, wenn sie in diesem Augenblick Lust darauf hat, in ihrer Freizeit mit ihrem Sohn diese Angelegenheit zu erledigen. Allerdings sollte sie dies mit dem Vater kurz (ohne den Sohn) absprechen, sonst könnte es sein, dass der Vater das Handeln der Mutter als Einmischung in seine Chefaufgabe ansehen würde.

Umgang mit den Unterschieden

In der Ausgestaltung der Chefaufgabe dürfen sich die Partner unterscheiden. Die Erfahrung zeigt, dass die Kinder damit keine Probleme haben, wenn die Unterschiede von beiden Eltern mit Akzeptanz und Humor bejaht werden. Kinder in jedem Alter (ausgenommen ist natürlich das Stillen) können mit dem sich Abwechseln der Eltern gut umgehen. Die Kinder versuchen nur dann, die Eltern gegeneinander „auszuspielen", wenn die Erwachsenen die Unterschiede (innerlich und äußerlich) nicht voll und ganz bejahen. Die Eltern leben vor, wie man mit Unterschieden wertschätzend umgeht.

Die Kinder wissen dann schon, dass das Abendbrot beispielsweise bei Mama länger dauert und witziger gestaltet wird und dass Papa das Abendbrot abkürzt, um länger Zeit für das Geschichtenvorlesen nach dem Abendbrot einzurichten.

Wenn Kinder „ausspielen", dann haben sie die Frage: Steht ihr Eltern wirklich zu euren Unterschieden? Dieses Wort steht in Anführungsstrichen, weil viele Erwachsene das Frageverhalten von Kindern als „Ausspielen" missverstehen und moralisch verurteilen. Kinder fragen mit Hilfe dieses Verhaltens, ob und wie die Erwachsenen einen Unterschied deuten und bewerten. Und sie wollen herausfinden, ob und wie sie den

Unterschied für sich nutzen können. Dieses kindliche Vorgehen ist eine altersspezifische Intelligenzleistung.

Wenn beide Eltern bereit sind, die volle Elternverantwortung zu übernehmen, dann verhalten sie sich ausgewogen, was das Verteilen von Privilegien und Erlaubnissen auf der einen Seite und Forderungen und Grenzsetzungen auf der anderen Seite anbelangt. Dies wirkt sich auf das Selbstverständnis der Eltern so aus, dass jeder davon ausgeht, dass der andere ein ebenso verlässlicher Elternteil ist, wie man selbst. Dies beantwortet ohne Worte die Fragen der Kinder. Sie spielen dann die Eltern nicht gegeneinander aus, sondern bilden nur kluge Strategien aus. Sie wissen sehr genau, wann es günstig ist, besondere Vorhaben oder Themen anzusprechen (nämlich dann beispielsweise, wenn der an diesem Thema interessierte Elternteil Chef ist). Interessanterweise lieben alle Kinder die Aufteilung der Chefaufgabe der Eltern sehr. Ich vermute, dies liegt an der verlässlich erwartbaren Struktur und der Eindeutigkeit, die der jeweilige Chef als einzelner an den Tag legen kann. Die Kinder fühlen sich gut orientiert, sie wissen immer, woran sie sind.

Gleichwertigkeit

Die Gleichwertigkeit der beruflichen Blöcke und der Aufgabenverteilung der Partner ist eines der besonderen Anliegen dieses Buches. Es geht dabei nicht um Geschlechterkampf und Rollenemanzipation. Es geht vielmehr um den Frieden in der Familie und die Zufriedenheit und Gesundheit aller Familienmitglieder. Es geht auch darum, den Kindern Gerechtigkeit und Teamwork vorzuleben. Diese Form der Gerechtigkeit misst sich nicht so sehr am Endergebnis, sondern an ihrem wandelbaren Vollzug. **Das Familienkonzept** muss ständig neu austariert werden wie eine Waage, denn es ist den lebendigen, ständigen Veränderungen der familiären Entwicklung unterworfen.

Konkret bedeutet dies, dass es nicht immer ausreicht, die Gleichwertigkeit am gleichen Stundenvolumen des Einsatzes beider Eltern auszurichten. Menschen sind unterschiedlich belastbar, benötigen unterschiedliche Mittel, um sich von Anstrengung zu erholen. Dies wird in Familien selbstverständlich berücksichtigt.

Manchmal kann eine bestimmte außerhäusliche berufliche Tätigkeit bedeutend anstrengender sein, als die eingespielten familiären Aufgaben zu erledigen, wenn die Kinder schon eine große Selbstständigkeit erreicht haben (zwischen neun und zwölf Jahren). Beispielsweise wenn man eine Stunde Nachtdienst in der Ambulanz eines Krankenhauses oder kämpfend um Leben und Tod im Operationssaal mit einer Stunde Zusehen beim Reitunterricht eines Kindes vergleichen würde. Ebenso ist eine Firmengründung in der Anfangsphase oder die Verantwortung für ein großes Unternehmen, das zu kollabieren droht, nicht immer mit einem Acht-Stunden-Arbeitstag zu meistern. Wochenendarbeit, Nachtdienste, Überstunden gehören zu unserem Arbeitsleben in bestimmten Phasen. Auf der Seite der familiären Arbeit wiederum sind manchmal bestimmte Phasen bedeutend anstrengender und schwieriger zu bewältigen als ein ruhiger Routinetag im Büro mit Pausen und netten kollegialen Gesprächen in vielen Berufen. Beispiele hierfür sind die Säuglingszeit mit dauernden nächtlichen Wachphasen, bei Krankheiten mit hohem Fieber und Ängsten der Eltern um ihr Kind, die Angst-, Trotz- oder Pubertätsphasen von Kindern mit nervenaufreibenden Szenen und durchwachten Nächten. Hierzu gehören auch besondere Belastungszeiten, die entstehen, wenn Kinder Sorgen machen, weil sie Entwicklungsstörungen, chronische Erkrankungen oder Behinderungen bewältigen müssen. Deshalb benötigt derjenige, der den anstrengenderen Part übernimmt, für diese Phase eine Entlastung bei der Verteilung der Aufgaben, um mehr Erholungszeit zu bekommen. Die Beispiele sollen genügen, um anzudeuten, dass Eltern einen gerechten Bewertungsschlüssel brauchen, um zu einer gleichwertigen Beurteilung der Belastungen zu gelangen.

Einige Eltern lösen dieses Problem, indem sie von Zeit zu Zeit ein neues rechnerisches Bewertungsschema ausklügeln. Da zählen beispielsweise die Stunden des einen Partners um den Faktor 0,7 multipliziert im Verhältnis zu den Stunden des anderen. Welche Lösung auch immer ein Elternpaar wählt, wichtig ist, dass es die Verhältnisse bewusst und immer wieder neu austariert, um Gleichwertigkeit zu erreichen. Mit der Zeit bekommen die Eltern ein gutes Gefühl für die eigenen Belastungen und die der anderen im Familiensystem. Wenn dies erreicht ist, fühlen sich alle gerecht wahrgenommen und behandelt.

Die Chefaufgabe ist der Teil des **Familienkonzeptes**, der am meisten an bestimmte feste Zeiträume gebunden ist. Deshalb ist es an dieser Stelle besonders schwierig, Gleichwertigkeit herzustellen. Das Abwechseln der Chefaufgabe ist aber ein pädagogisch unverzichtbarer Bestandteil des **Familienkonzeptes**, weil es den Kindern intensiven Kontakt zu beiden Eltern gewährt. Und es ermöglicht beiden Partnern, autonome, authentische und kompetente Eltern (und damit gute Vorbilder) zu sein. In modernen Partnerschaften hängt hiervon langfristig die Erhaltung der Achtung der Partner für einander ab. Deshalb dürfen die Kompromisse, die nötig sind, an dieser Stelle möglichst nur dazu führen, dass einer der Partner verschobene (oder, wenn es unbedingt sein muss: verkürzte) Chefzeiten erfüllt. Keinesfalls aber sollte dieses Werkzeug langfristig nur von einem der Eltern ausgefüllt werden.

Der andere Elternteil würde von den wichtigsten Kernzeiten des Familienlebens ausgeschlossen. Er würde von den Kindern zu Hause nur als jemand wahrgenommen, der sich von der außerhäuslichen Arbeit ausruht und keine Verantwortung für die häusliche familiäre Wirklichkeit übernimmt. Dieses Ungleichgewicht gilt es zu vermeiden. Eher sollte überlegt werden, ob und in welchem Maße ein zu hoch belasteter Elternteil Zusatzaufgaben reduzieren kann.

Familien sind emotional hoch intelligente Systeme. Sie sind wie kaum ein anderes System dazu in der Lage, auf individuelle Unterschiede und Bedürfnisse zu reagieren. Dabei stellen sie eine innere Balance her, die von außen vielleicht asymmetrisch erscheint, in sich aber schlüssig und ausgewogen ist. **Das Familienkonzept** nutzt diese Jahrhunderte alte Potenz und macht sie bewusst.

Wie immer sich eine Familie konfiguriert, wie immer ihr ausgeklügelter Plan aussieht, der innere Gerechtigkeit erreichen soll, das Ergebnis des Aushandlungsprozesses hat seine vereinbarte Gültigkeit für den ausgehandelten Zeitraum. Dieser ist zunächst eine Woche. Wenn sich der Plan über mehrere Wochen bewährt hat, wird er für einen größeren aber begrenzten Zeitraum festgelegt. Dieser kann beispielsweise ein halbes Jahr betragen, aber nicht länger, weil die Erfahrung zeigt, dass sich Familien rasant und substanziell weiterentwickeln.

Die Übergänge

Eine nicht zu unterschätzende Möglichkeit, Anspannung und Erschöpfung abzubauen, die durch belastende Arbeitsphasen entstehen, stellt die Gestaltung des Übergangs von der außerhäuslichen zur familiären Tätigkeit dar. Das hier Gesagte kann ggf. auch für den umgekehrten Übergang von Bedeutung sein. Nicht immer ist es erforderlich, auf dem Sofa zu sitzen, um sich zu erholen. Das Wechseln zwischen zwei sehr unterschiedlichen Tätigkeiten, die verschiedene Fähigkeiten abrufen und unterschiedliche Erlebnisqualitäten bereitstellen, kann oft sehr erquicklich sein.

Manchmal ist es hilfreich, wenn der nach Hause kommende Erwachsene eine kurze Pause dazwischen setzt, bevor er die häuslichen Aufgaben übernimmt. Er kann eine halbe Stunde Sport treiben oder unter die Dusche gehen, kurz schlafen oder spazieren gehen. Dann kann es sein, dass er die familiären Aufgaben als Erholung von der außerhäuslichen beruflichen Belastung erlebt, weil sie völlig anders geartet sind und ihm Freude, Erfüllung und liebevolle Begegnungen bieten. Es ist eine Frage der inneren Haltung und des konkreten Umgangs mit den familiären Aufgaben, ob sie als Kräfte zehrend oder als Freude spendend erlebt werden. Der jeweilige Elternteil hat die Gestaltung der familiären Zeit selbst in der Hand, er kann sie zur Entschleunigung nutzen. Die ganze Familie wird dafür dankbar sein.

Die Macht der Vorbilder

Die Generationen geben durch ihr Vorbild nicht nur ihre Erfahrungen, ihr Wissen und Können, sondern auch ihre Haltungen weiter.

Ein Vater kommt jeden Abend nach Hause, legt sich aufs Sofa, klagt über den anstrengenden Arbeitstag und zeigt sich außer Stande, aktiv am Familienleben teilzunehmen. Eines Tages macht er sich sein Verhalten bewusst. Er sagt: „Eigentlich bin ich gar nicht erschöpft, wenn ich nach Hause komme, denn mein Job macht mir Spaß." Er erinnert sich an seine Kindheit. Seine Mutter fühlte sich mit dem Haushalt und der Erziehung von vier Kindern überfordert und klagte jeden Abend, wenn der Vater nach Hause kam. Der Vater legte sich abends stets aufs Sofa und zeigte Erschöpfung und Unnahbarkeit. Niemand in der Familie getraute sich, ihn zu beanspruchen.

Als dem Sohn der Zusammenhang zwischen seinem eigenen abendlichen Verhalten und den Erfahrungen in seiner Kindheit klar wird, entscheidet er sich für ein Ritual, welches ihm helfen soll, den Übergang zwischen der außerhäuslichen Berufstätigkeit und dem Familienleben anders zu gestalten. Er macht einen kurzen Spaziergang auf dem Nachhauseweg von der Arbeit. Zu Hause begrüßt er jedes Familienmitglied einzeln mit einer kurzen herzlichen Begegnung. Dann plant er mit seiner Partnerin gemeinsam, wie der Feierabend gestaltet wird, wer was erledigt, und wann sie sich gemeinsam aufs Sofa setzen.

Besondere Vereinbarungen für spezielle Situationen

Stillzeit und Kleinkindphase

Muttermilch ist für Babys aus gesundheitlichen und psychologischen Gründen wichtig und förderlich. Da nur Mütter stillen können, lässt sich diese spezielle Aufgabe nicht abwechseln oder delegieren. Ich wünsche jedem Kind, welches noch gestillt wird, dass seine Mutter in dieser Zeit von der außerhäuslichen Berufstätigkeit weitestgehend freigestellt werden kann. Da ein Säugling in der ersten Zeit fast rund um die Uhr Bedürfnisse an seine erwachsenen Bezugspersonen richtet, ist diese Aufgabe ein Fulltimejob. Nicht gesund war, dass unsere Gesellschaft diese Aufgabe den Frauen oft weitgehend allein aufgebürdet hat. Stattdessen sollten außer dem Stillen alle anderen Aufgaben vom ersten Augenblick an aufgeteilt werden. Familien entwerfen also in dieser Zeit eine spezielle Form des **Familienkonzeptes**. Wenn beide Eltern bereit und in der Lage sind, im ersten Lebensjahr ihres Kindes die Bedürfnisse des noch ganz unselbstständigen Menschenkindes bestmöglich zu befriedigen, legen sie eine gesunde Grundlage für sein ganzes späteres Leben.

In der Familienberatung zeigt sich erschreckend oft, dass die klassische Rollenaufteilung in der Säuglingsphase sich später bitter rächt. Viele Mütter berichten, dass sie sich in dieser Zeit körperlich entkräftet, mit der Aufgabenfülle überfordert und von ihrem Partner im Stich gelassen gefühlt haben. Väter berichten, dass sie sich in dieser Phase beruflich überlastet, aus dem Familienleben herausgedrängt und auf die Aufgabe des Geldverdieners reduziert gefühlt haben. Diese beidseitige Unzufriedenheit stellte sich zu einem späteren Zeitpunkt als der unterschwellige Beginn einer Partnerschaftskrise heraus, die nicht selten zu langjährigen Zerreißproben und schließlich zur Trennung der Partnerschaft führte.

Wenn eine stillende Mutter im ersten halben Jahr immer dann schläft, wenn ihr Kind schläft, hat sie zwar unterbrochene Schlafphasen, aber genug Schlaf. Die Praxis zeigt, dass dies selten gelingt. Deshalb ist es unabdingbar, dass vom ersten Moment der Entstehung einer Familie an, alle notwendigen Aufgaben auf mindestens zwei, möglichst mehr Personen aufgeteilt werden. Die in Deutschland eingeführte so genannte „Elternzeit“ ist ein Tropfen auf dem heißen Stein, aber sie ermöglicht Entlastung und stärkt die Entstehung der Vater-Kind-Beziehung. Die „Elternzeit“ ist beispielsweise eine ideale Zeit, um **das Familienkonzept** einzuführen.

Wenn das Stillen gut eingespielt ist, können Eltern entscheiden, dass der Nachtdienst für die Kinder, der nicht das Stillen betrifft, von Tag zu Tag oder in einem anderen Rhythmus abgewechselt wird. Eltern, die einen Beruf ausüben, bei dem es um Leben und Tod geht (beispielsweise Chirurgen,

Piloten etc.) übernehmen den Nachtdienst für ihre Kinder in den Nächten vor dienstfreien Tagen oder vor einem späteren Dienstantritt. Eltern die beruflich Nachtdienste leisten müssen, sollten nicht auch noch zu Hause gestörte Nächte ertragen müssen. Dies würde ihre Gesundheit gefährden. Hier sind zusätzliche Helfer gefragt. Es ist nicht ratsam, die Nächte als Zeiten der beruflichen Blöcke anzusehen, sondern sie gesondert gerecht aufzuteilen, so dass jeder Erwachsene in einer Woche genug Schlaf bekommen kann.

Da nur das Stillen selbst sich nicht abwechseln lässt, können Eltern von dem Moment an, an dem das Kind am Tag nicht mehr gestillt wird, mit dem normalen Gebrauch des **Familienkonzeptes** fortfahren.

Unter der Woche abwesend

Muss ein Elternteil beispielsweise beruflich den ganzen Tag abwesend sein oder sogar die ganze Woche über, so ist es durchaus möglich, das hier vorgestellte Modell an die Bedürfnisse dieser Zeiteinteilung anzupassen. Ein in der Woche abwesender Elternteil übernimmt beispielsweise das Coachen eines Kindes für einen bestimmten Teilbereich der Erziehung durch regelmäßige Telefongespräche oder Webcam-Sessions und übernimmt am Wochenende ganz die Chefrolle. Diese Aufteilung ist deshalb für viele Menschen entspannend, weil jeder Elternteil die Möglichkeit hat, am Wochenende genau den Beschäftigungen nachzugehen, die er/sie unter der Woche gar nicht erledigen kann. Stattet man diese Beschäftigungen mit dem aus, was der betreffende Erwachsene braucht, werden sie nicht als „Arbeit" erlebt, sondern als Familienleben.

Beispielsweise telefoniert (oder kommuniziert über eines der digitalen Medien) ein abwesender Elternteil täglich zu einer bestimmten Uhrzeit mit seinem Kind, fragt es, wie es in der Schule war, erinnert es an bestimmte Pflichten (wenn dies im Familienrat ausdrücklich gewünscht und vereinbart wurde) und teilt mit

ihm das Interesse an einem Hobby. So fühlt sich das Kind wahrgenommen und geliebt, obwohl es diesen Elternteil unter der Woche wenig sieht. Bei mehreren Kindern wechselt die telefonische Zuständigkeit des abwesenden Elternteils in angemessenem Rhythmus von einem Kind zum anderen. Eine andere Lösung könnte sein, dass jedes Kind an einem anderen Wochentag seine eigene Kommunikationszeit mit dem abwesenden Elternteil hat. (Dies sind auch hilfreiche Möglichkeiten, die getrennt lebende Elternteile nutzen können.)
Der Elternteil kann aus der Ferne viele Zusatzaufgaben erledigen. Dazu gehört beispielsweise Bankgeschäfte zu tätigen, sich um notwendige Telefonate zu kümmern, den Wochenendeinkauf auf dem Heimweg zu erledigen oder viele andere familiäre Angelegenheiten zu organisieren.

Auf diese Weise fühlt sich der unter der Woche abwesende Elternteil nicht vom Familienleben abgekoppelt, sondern behält seine wichtige und tragende Rolle in der Familie.

Verschafft der Elternteil sich in seiner freien Zeit unter der Woche fern der Familie neben seiner Arbeit genügend Erholung, so kann er sich am Wochenende ganz und gar auf das Familienleben freuen. Der unter der Woche aus beruflichen Gründen abwesende Partner übernimmt am Wochenende die Chefaufgabe an beiden Tagen ganz. Definiert diese Person das Wochenende zu ihrer eigenen Erholungsnotwendigkeit, so lebt sie wie ein Single und muss sich die Frage gefallen lassen, warum sie eine Familie gegründet hat. An dieser Stelle rufe ich noch einmal ins Gedächtnis: Chefdienst zu haben bedeutet nicht, permanent zu arbeiten. Auch die Kinder wollen sich am Wochenende erholen. Der Erwachsene hat die Gestaltung des Tagesablaufes in der Hand. Wenn es ihm gelingt, die unterschiedlichen Interessen der Familienmitglieder zu entflechten, einen guten Zeitplan auszuhandeln, Ruhephasen einzubauen und Helfer einzubeziehen, dann hat der Chef des Tages ein erholsames Wochenende. Der andere Partner hat unter der

Woche unter Umständen rund um die Uhr allein den Chefdienst zu bewältigen, eventuell noch kombiniert mit einer außerhäuslichen Berufstätigkeit. Er benötigt am Wochenende Freizeit. Dieser Elternteil kann für bestimmte Zeiten am Wochenende beispielsweise das Haus verlassen. Oder er kann ohne Kinder Beschäftigungen nachgehen, die einen Ausgleich zu der allein verantwortlichen Elternrolle schaffen, die er unter der Woche zu erfüllen hat. Dabei kann er Muße erleben oder Zusatzaufgaben erfüllen, die es erfordern, einmal ohne Kinder zu sein. So entsteht für ihn ein Ausgleich.

Ausnahmen

In anderen Situationen beschließt beispielsweise eine Familie, dass während der Dauer, in der ein Elternteil eine Aus- oder Weiterbildung, eine Umschulung oder ein Examen macht, die normale Gleichverteilung der Elternpflichten asymmetrisch ausgehandelt wird. Auch während einer Erkrankung oder Kur ist eine solche Regelung hilfreich.

Die Partner können davon ausgehen, dass die auf diese Weise entstandene Differenz sich im Laufe vieler Jahre schon zu gegebener Zeit ausgleichen wird. Diese Asymmetrie wird als Berechtigung erlebt, dass der andere Partner ebenfalls einmal eine solche Ausnahme erhalten kann und wird.

Ungeachtet der Tatsache, dass das Defizit zu einem späteren Zeitpunkt ausgeglichen werden wird, wäre es für diejenigen schön, die für diese Zeit eine größere Belastung auf sich genommen haben, wenn am Schluss der Zeit ein Symbol, ein Ritual oder ein Fest als Dankeschön des begünstigten Partners die Leistung (das Geschenk) des anderen oder der anderen ehrt.

Sonderregelungen

Manchmal unterscheidet sich ein Familienmitglied durch eine bestimmte Besonderheit sehr drastisch von allen anderen und benötigt deshalb eine Sonderbehandlung oder eigene

Regeln. Diese Besonderheiten könnten beispielsweise sein: eine besondere Begabung oder besondere Bedürfnisse, eine Behinderung oder Beeinträchtigung, ein besonderer Beruf, eine Berufung oder dergleichen. Können alle anderen das Familienmitglied mit dieser Besonderheit achten und lieben, und haben sie gelernt sich in diese besondere Situation einzufühlen, dann findet die Familie ihre ureigenen Lösungen, die sich für alle gerecht und angemessen anfühlen.

Auch hier tut es allen Familienmitgliedern gut, wenn von Zeit zu Zeit explizit ausgesprochen wird, warum es Sonderregelungen gibt, und alle geachtet werden, die durch ihre Toleranz, durch Verzicht oder größere Belastung zur familiären Balance beitragen. Manchmal hilft hier ein Ritual oder Fest, um einander Anerkennung für diese familiäre Leistung zu zeigen. Dies tut besonders Geschwistern von behinderten Kindern gut. Die Fähigkeit einer Gemeinschaft, eine von außen betrachtet als „ungerecht" erscheinende Regelung innerfamiliär als „gerecht" zu erleben, weil sie den besonderen Notwendigkeiten der Individuen bestmöglich gerecht wird, ist eine der einzigartigen Stärken von Familien.

Wochenübersicht und Merkzettel für die Chefaufgabe

Die Wochenübersicht darüber, wer wann der Chef des Tages ist, sollte an einem Ort wie der Küche oder im Flur hängen, wo sich jedes Mitglied der Familie im Vorbeigehen schnell orientieren kann. Oder der Plan ist für jedes Familienmitglied elektronisch abrufbar.

Im Folgenden veranschaulicht eine Wochenübersicht eine mögliche Version.

Wochenübersicht: Chef des Tages						
Mo	**Di**	**Mi**	**Do**	**Fr**	**Sa**	**So**
Vater *7-8 Uhr*	*Mutter* *7-8 Uhr*	*Vater* *6-8 Uhr*	*Mutter* *7-8 Uhr*	*Vater* *7-8 Uhr*	*Mutter* *ganz*	*Vater* *ganz*
Mutter *16-22 Uhr*	*Oma* *16-17 Uhr*	*Mutter* *15-22 Uhr*	*Vater* *17-21 Uhr*	*Mutter* *16-18 Uhr*		
	Vater *17-22 Uhr*		*Mutter* *21-22*	*Kinder-sitter* *18-22 Uhr*		

Es folgt ein exemplarisch sehr ausführlich geschriebener Tagesmerkzettel für die Chefaufgabe. So ausführlich muss er nur am Anfang sein, beispielsweise, wenn einer der Eltern mit den familiären Abläufen noch nicht sehr vertraut ist. Er wird von diesem Elternteil als Orientierungshilfe (digital oder in Papierform) benutzt.

Später stehen nur Besonderheiten, Termine und Stichworte auf einem solchen Merkzettel.

Tagesmerkzettel für die Chefaufgabe für Montag, den… ***Chef morgens: Mutter*** *(Die Tochter in diesem Beispiel ist 12 Jahre alt, der Sohn ist 9 J. alt.)*	
Montag, den ...	
6 Uhr	*Mutter: Erst Tochter wecken (geht als erste ins Bad), dann Sohn wecken* *Vater: Freizeit*
6.15 Uhr	*Frühstück machen, Sohn Müsli, Tochter Brot mit Käse*
6.25 Uhr	*Alle zum Frühstück versammeln, Schulbrote schmieren*
6.45 Uhr	*Kinder anziehen, Sohn Ranzen und Turnbeutel, Tochter Haustürschlüssel und Handy mitgeben*
6.55 Uhr	*Sohn mit Vater ins Auto* *Vater: Beginn des beruflichen Blocks Büro* *Tochter an der Straße, fährt mit Müllers*
7 Uhr	*Frühstück wegräumen*
7.15 Uhr	*Mutter: Ende der Chefaufgabe* *Mutter: Beginn berufl. Block zu Hause*
7.15 Uhr	*Mutter: Tagesaufgabe: Kartoffeln schälen, kochen. Soße für Kartoffelsalat zubereiten, in den Kühlschrank stellen, Küche aufräumen. Spülmaschine anstellen*
7.45 Uhr	*Mutter: Zusatzaufgabe: Wäsche sortieren, Waschmaschine anstellen*
8 Uhr	*Mutter: Ende des berufl. Blocks zu Hause* *Mutter: Beginn des berufl. Blocks Büro*

Chef nachm./abends: Vater	
14 Uhr	*Beginn Chef des Tages: Vater* *Tochter kommt nach Hause. Ruft Vater kurz an*
14.15 Uhr	*Tochter schneidet Kartoffeln in Scheiben, gießt Soße drüber*
14.45 Uhr	*Tochter brät 6 Würstchen*
15.00 Uhr	*Vater und Sohn kommen.* *Sohn räumt Spülmaschine aus, Vater würzt Salat nach, deckt Tisch, 3 Personen essen, Essen wegräumen*
15.20 Uhr	*Tochter zum Sport mit Fahrrad (bei Regen bringen)* *Sohn Hausaufgaben überprüfen, für Mathetest (morgen) Einmaleinsreihen üben*
15.45 Uhr	*Sohn Freizeit* *Vater Zusatzaufgaben: Bankgeschäfte, Briefverkehr, Fenster putzen, telefonisch Mineralwasser und Limonade bestellen. Termin in Plan eintragen* *Alternative: Zeitinsel* *Vater Tagesaufgaben: Ansprechpartner für Sohn, Bereitschaft Telefongespräche und andere aktuelle Organisationsaufgaben*
17 Uhr	*Tochter kommt. Hausaufgaben, Freizeit* *Mutter kommt, Mutter: Freizeit* *Vater: Gespräch Tochter: Medienzeiten einhalten* *Vater mit Sohn und Hund Spaziergang*
18 Uhr	*Telefonisch klären, wer morgen die drei Freunde mit Sohn zum Schwimmkurs bringt (in Plan für morgen notieren)* *Lehrerin von Tochter anrufen* *(Thema: Klassenfahrtgeld, Kontonummer fehlt)* *Abendbrot vorbereiten. Ranzen für morgen packen.* *Anziehsachen für morgen heraussuchen*

18.30 Uhr	*Abendbrot*
19 Uhr	*Abendbrot wegräumen, Küche aufräumen, Spülmaschine anstellen* *Mutter Zusatzaufgabe: Holt Wäsche aus der Maschine und hängt sie auf* *Mutter: Sport* *Kinder Dienste: Tochter: Waschbecken im Bad säubern, Sohn: Müll hinausbringen*
19.30 Uhr	*Sohn geht ins Bad und dann ins Bett* *Geschichte vorlesen* *Tochter Freizeit in ihrem Zimmer*
20 Uhr	*Licht aus bei Sohn* *Tochter geht ins Bad und dann ins Bett* *Gutenachtgespräch am Bett*
20.30 Uhr	*Vater Zusatzaufgabe: Post beantworten, Mails lesen und beantworten, Schreibtischarbeiten für Familie erledigen*
21 Uhr	*Mutter kommt vom Sport, hat frei*
21.30Uhr	*Vater hat Bereitschaft für Kinder da zu sein, kann aber lesen, Film sehen oder Sonstiges*
22 Uhr	*Eltern gehen ins Bett*
	Dienstag, den… ***Chef morgens: Vater*** ***Chef nachm./abends: Mutter…***

Ein Rhythmus für die Chefaufgabe

Wenn Eltern ein oder mehrmals in der Woche regelmäßigen Freizeitbeschäftigungen am Abend nachgehen (beispielsweise jeden Dienstag Yoga, jeden Freitag Sport), dann ist es nicht ratsam, über die sieben (ungerade Zahl) Tage einer Woche im Abwechslungsrhythmus zu bleiben. Unter diesen Umständen könnte dieses Elternteil nur in jeder zweiten Woche zum Sport oder zum Yoga gehen. Da es aber für die Gleichberechtigung in der Partnerschaft wichtig ist, dass möglichst keiner mehr Aufgaben übernimmt als der andere, kann ein Paar entscheiden, dass beispielsweise ein Partner ein ganzes Wochenende den Chefdienst übernimmt und am nächsten Wochenende der andere zwei Tage Dienst hat. Eine andere Lösung würde vorsehen, dass in der ersten Woche der eine Partner einen Tag mehr die Chefaufgabe übernimmt und in der darauf folgenden Woche der andere. Die Reihenfolge des Chefdienstes muss nicht zwangsläufig während der Woche von Tag zu Tag abwechseln. Es ist denkbar, dass die Partner jeweils für eine halbe Woche die Chefaufgabe übernehmen. Wichtig ist nur, dass beide möglichst gleich viele Stunden pro Woche und Monat die Chefaufgabe erfüllen.

Werkzeug 4: Die Helfer

Ein ganzes Dorf ist nötig, um ein Kind zu erziehen[1]

Die Freizeit eines Elternpaares ist extrem knapp bemessen. Die Arbeit, die außerhalb der beruflichen Blöcke anfällt, sollte deshalb nicht nur auf die Eltern aufgeteilt werden, sondern auch an andere Menschen weitergegeben werden. Aufgaben auf andere Menschen zu übertragen, erleichtert der Familien, die Arbeitsfülle zu bewältigen.

Wenn die Eltern sich einen Überblick über die Aufgaben der Woche verschafft haben, können sie, bevor sie ihre eigene Aufgabenverteilung entwickeln, gemeinsam entscheiden, ob sie Aufgaben an Dritte delegieren wollen und können. Ganz besonders wichtig sind Helfer für Familien, in denen ein Elternteil entweder grundsätzlich fehlt, oder aus bestimmten Gründen für einige Zeit ausfällt.

In Frage kommen Großeltern, die bereit sind, Aufgaben zu übernehmen. Alternativen sind die Betreuung der Kinder durch Tageseltern, durch eine Krippe, in einer offenen Ganztagsschule oder in einem Hort. Wenn es möglich ist, eine Putzkraft, einen Fensterputzdienst oder Nachhilfeunterricht zu finanzieren, dann werden diese Aufgaben nicht unter den Eltern verteilt. Lediglich die Aufgabe des Organisierens die-

[1] (altes afrikanisches Sprichwort)

ser Delegierungen fällt in den Aufgabenbereich des in der Zeit Dienst habenden Chefs.

Es wäre ratsam, ein dem Familieneinkommen gemäßes Budget gemeinsam zu ermitteln und jedem der Partner zur Hälfte zur Verfügung zu stellen. Dann könnte derjenige Elternteil, der eine Aufgabe (sei sie eine Tagesaufgabe oder eine Zusatzaufgabe) übernommen hat, die außerhalb der beruflichen Blöcke angesiedelt ist, diese gelegentlich im Rahmen des dafür vorgesehenen Budgets an andere Menschen (Großeltern, Babysitter, Verwandte, Nachbarn, Eltern von Freunden der Kinder) delegieren. Die Organisation dieser Delegierung ist dann ausschließlich die Aufgabe desjenigen Elternteils, der die Aufgabe eigentlich übernommen hat.

Ein zunehmend großer Teil von Eltern in unserer Gesellschaft hat keine Verwandten in erreichbarer Nähe. Das Nachbarschafts- und Freundesnetzwerk wird immer wichtiger. Die Pflege dieser Sozialkontakte (die hilfreichen Nachbarn ab und zu einmal zum Kaffee einzuladen, Kinder von Bekannten mit zu versorgen, kranken Freunden eine Suppe zu kochen, Kinder von Freunden über Nacht oder übers Wochenende zu Gast zu haben) ist im **Familienkonzept** ein selbstverständlicher Teil der Chefrolle und somit Aufgabe von Vätern und Müttern gleichermaßen.

Raum für die Liebe

Das Delegieren der Aufgaben außerhalb der beruflichen Blöcke, überhaupt das Delegieren aller Aufgaben der Eltern für einen Abend oder ein Wochenende ist nicht nur wichtig, um den einzelnen Partnern mehr Freizeit zu ermöglichen, sondern dient vor allem dazu, dass die Partner Gelegenheit haben, zu zweit zu sein, ein Liebespaar zu sein, Unternehmungen einmal ohne die Kinder machen zu können. Dies ist für das Glück der ganzen Familie von entscheidender Bedeutung. Letztendlich profitieren die Kinder davon, weil die Partnerschaft der Eltern eine größere Chance hat, erhalten zu bleiben, und weil die Eltern dann ausgeglichener und fröhlicher sind. Wünschenswert ist es für jedes Elternpaar, nach dem Ausziehen der erwachsen gewordenen Kinder noch ein Liebespaar zu sein. Um dieses Ziel zu erreichen, benötigt die Partnerschaft in den Zeiten, in denen die Kinder ihre Eltern noch sehr beanspruchen, Pflege, Zeit und liebevolle Zuwendung.

Liste der Helfer			
Helfer	**Adresse/ Tel. / Mail**	**Preis**	**Budget**
Andrea (Kindersitter)	*Hauptstr. 23 Tel. 567312 Info-andrea...@web.de*	*5 € pro Std.*	*15 €/ Woche pro Elternteil*
Oma und Opa	*Kirchstr. 7 Tel. 9376459 omi-opi...@web.de*	-	*nur 1 Abend und 1 Nach-mittag pro Woche*
Frau Meier (Reinigungs-kraft)	*Friedrichsallee 5 Tel. 6549805 mei-rei...@web.de*	*10€ pro Std.*	*2,5 Std. pro Woche, 25 € Woche*
Hort (für Tochter)	*Frau Pieper, Parkschule Tel. 7753139 pieper...@net.de*	*25€ pro Monat*	*2 Nachmittage bis 16 Uhr, 1 Nachmittag bis 15 Uhr*
Wasserlieferant	*Herr Peters Tel. 76890675 getränke-peters...@web.de*	*4€ Trink-geld*	*3 Kästen Wasser, 2 Kästen Limo*
Fam. Müller (Freund vom Sohn)	*Tim und Ute Tel. 99786033 tim-ute...@yahoo.de*	-	*2 Std. pro Woche*
Fam. Ziegel (Freundin von Tochter)	*Petra und Karl Tel. 55340145 petra-karl...@t-online.com*	-	*nur don-nerstags Schwimmkurs und Abendbrot*

Zwischenergebnis: Der Prototyp

Ein erster Entwurf des Wochenplans

Der Prototyp ist ein erster Entwurf des Wochenplans. Er enthält alle Werkzeuge, die sich auf die Aufgabenverteilung der Eltern beziehen. Er kann als Zwischenergebnis auf dem Weg zum Familienwochenplan angesehen werden und ist die Grundlage für die folgenden Werkzeuge.

Einen prototypischen Wochenplan für die Eltern auszuarbeiten, erfordert einen einmaligen Zeitaufwand. Zunächst erstellt jede erwachsene Person ihren eigenen Entwurf. Dann steigen die Partner in einen Einigungsprozess ein, bei dem „produktiv gestritten" werden darf, bis ein gemeinsamer Prototyp fertig ist. Er kann genaue Details und allgemeine Regeln bezüglich der Tage und Termine, wann und wie die Aufgaben zu erledigen sind, enthalten. So könnte beispielsweise vereinbart werden, dass „die Suppe immer von dem ausgelöffelt werden muss, der sie gekocht hat". Dies bedeutet, dass beispielsweise ein Streit zwischen einem Erwachsenen und einem Kind immer von diesem Erwachsenen geschlichtet werden muss, auch dann, wenn er es in seiner Chefzeit zeitlich noch nicht geschafft hat.

Es kann mehrere Gesprächstermine erfordern, bevor der gemeinsame Plan von beiden Partnern bestätigt werden kann. Ist einmal ein Prototyp erstellt, zeigt sich, dass er meist für eine längere Zeit Gültigkeit behalten kann und nur noch kleine Veränderungen hin und wieder erforderlich sind, die nicht mehr so viel Zeit beanspruchen wie die Herstellung des ersten Entwurfs.

Nach einer Eingewöhnungsphase üben sich die neuen Strukturen und gleichberechtigten Umgangsformen schnell ein, weil alle Familienmitglieder davon enorm profitieren.

Jeder Elternteil kann sich seinen eigenen Part des Prototyps aufschreiben und die für beide geltenden ausgehandelten Details hinzufügen. Zum Aufhängen wird eine Übersicht für beide Eltern geschrieben. Sie enthält neben den Tageseinträgen der Woche zusätzlich nur die Details, die aus bestimmten Gründen allen Familienmitgliedern bekannt gegeben werden sollen. Die Details, die die Eltern unter sich oder für sich selbst entscheiden, werden nur in den persönlichen Aufzeichnungen der Eltern vermerkt.

Die Aufzeichnungen für einen Tag könnten für einen Elternteil beispielsweise so aussehen:
(Regeln sind hier fett gedruckt, um sie gegenüber den Tagesablaufpunkten hervorzuheben.)

Die Aufzeichnungen für die Familie in Bezug auf Elternteil X:

Montag	
6.30 - 8 Uhr	*Chefaufgabe*
8 - 14 Uhr	*beruflicher Block zu Hause* *Zusatzaufgabe: Schreibtisch* *Tagesaufgabe: aufräumen, Gemüse kaufen, kochen*
14 - 18 Uhr	*beruflicher Block Büro*
ab 18 Uhr	*frei*

Die persönlichen Aufzeichnungen des Elternteils X:

Montag	
6.30 - 8 Uhr	*Chefaufgabe*
6 Uhr	*aufstehen*
bis 6.20 Uhr	*Yoga*
beim Wecken	***Tim nur einmal erinnern!*** ***Auf meine Stimme achten!***
8 - 14 Uhr	*beruflicher Block zu Hause* *Zusatzaufgabe: Schreibtisch* *Frau Meier anrufen, Sparkasse,* *Krankenkassenordner* *Tagesaufgabe: aufräumen, Gemüse kaufen, kochen*
14 - 18 Uhr	*beruflicher Block Büro, Elke mitnehmen*
ab 18 Uhr	*frei: Einladung zu Gabi, Kartoffelsalat mitbringen*
Regeln der Woche	***Jeder löffelt die Suppe aus, die er gekocht hat.*** ***Ich kontrolliere meinen Partner nicht, wenn er der Chef ist.***

Im Folgenden zeigt ein Beispiel, wie ein Prototyp aussehen könnte. Er enthält nun alle Regelungen für die Eltern: die beruflichen Blöcke, die Aufgabenverteilung, die Chefdienstregelung und eventuell die Helfer.

Wochenplan 3

Zeit	Montag		Dienstag		Mittwoch		Donnersta[g]
	🧍	🧍	🧍	🧍	🧍	🧍	🧍
06.00	**TA**: Frü			**TA**: Frü	**TA**: Frü		
07.00	beruflicher Block Autofirma	beruflicher Block zu Hause **ZA**: A+S		beruflicher Block Steuerbüro	beruflicher Block Autofirma	beruflicher Block zu Hause **ZA**: A + S	
08.00			beruflicher Block zu Hause **ZA**: A + S Bü Ga				beruflicher Block Autofirma
09.00		beruflicher Block Steuerbüro				beruflicher Block Steuerbüro	
10.00							
11.00							
12.00			beruflicher Block Autofirma				
13.00				beruflicher Block zu Hause **ZA**: M Mü Gl Fl			
14.00		beruflicher Block zu Hause Sport ⇆ So Reiten ⇆ To Ha So + To				beruflicher Block zu Hause Physio ⇆ So	
15.00							
16.00	**ZA**: E + W				**ZA**: E		
17.00					**Oma**		**ZA**: B + T
18.00		**TA**: Ab	**TA**: Ab				**TA**: Ab
19.00							
20.00	EA: To						

TA	**Tagesaufgabe**	W	Wäsche	Ha	Hausaufgaben betreuen
ZA	**Zusatzaufgabe**	B+T	Bad + Toilette putzen	S	Staubsaugen
CH	Chefdienst	Ga	Garten + Vorgarten	Ti	Tiere versorgen
F	Frei	Gl	Glasmüll	Sp	Spülmaschine ausräumen
←	fahren zu	Fl	Pfandflaschen		
→	abholen von	M	Müll hinausbringen		
E	einkaufen	Mü	Müll zur Straße bringen		

Zeit	…	Freitag (1)	Freitag (2)	Samstag (1)	Samstag (2)	Sonntag (1)	Sonntag (2)
06.00							
	TA: Frü	TA: Frü			TA: Frü	TA: Frü	
07.00				ZA: P unten	ZA: Soz		ZA: P oben
		beruflicher Block Autofirma	beruflicher Block zu Hause ZA: A + S	ZA: W			
08.00	beruflicher Block Steuerbüro						
09.00			beruflicher Block Steuerbüro				
10.00						Sport ⇆ So Reiten ⇆ To	
11.00							
12.00							
13.00			beruflicher Block zu Hause ZA: Fu Ha So + To				
14.00	beruflicher Block zu Hause Sport ⇆ So Ha So + To						
15.00							
16.00		ZA: P				ZA: Ga	
		ZA: E					
17.00							
18.00			TA: Ab	TA: Ab			TA: Ab
19.00				Oma über Nacht			
20.00						ZA: U	

A	Aufräumen im Gemeinschaftsbereich	O	Handwerker, Putzhilfe, Lieferanten organisieren	D	Dokumentationen von Fotos, Filmen, Bildern
Bl	Blumen gießen	Sch	Schule	U	Urlaub planen
Ti	Tisch decken	Fu	Fuhrpark	EA	Elternabend
B	Bankkonto	T	Technik	Frü	Frühstück
Bü	Büroarbeiten	P	Putzen	Ab	Abendbrot
G	Gesundheit	Soz	Soziales Engagement		

Werkzeug 5: Der Familienrat

Die Bedeutung des Familienrats

Der Familienrat ist eine Versammlung aller Familienmitglieder, die im Wochenrhythmus zusammentritt, um den Wochenplan der Familie auszuhandeln. Dies geschieht, indem man dem Prototyp die Mitwirkung der Kinder am Familienleben hinzugefügt. Der Familienrat erfüllt neben der organisatorischen Aufgabe viele pädagogische Aufgaben. Kinder haben die Chance, die Organisation der lebenspraktischen Notwendigkeiten des Familienlebens aktiv mitzugestalten. Dabei lernen sie, brauchbare Strukturen zu entwickeln und flexibel zu handhaben. Sie lernen, für ihre eigenen Belange zu sorgen (oder auch einmal zu kämpfen), Standpunkte einzunehmen und zu vertreten. In demokratischen Aushandlungsprozessen üben sie in Schritten über Jahre ihre sozialen Fähigkeiten, bis sie schließlich Selbstfürsorge, Einfühlungsvermögen in andere, Perspektivenwechsel und Fair Play beherrschen.

Der Familienrat ist das praktische Handwerkszeug mithilfe dessen die Familie schließlich gemeinsam ihren eigenen Familienwochenplan entwickelt. Geben die bisher entwickelten Werkzeuge des **Familienkonzeptes** Eltern ein Fundament für die Familienorganisation, so fügt der Familienrat hauptsächlich pädagogisches Handwerkzeug hinzu.

Die Aufgaben des Familienrats

Die pädagogischen Aufgaben des Familienrats

Radikale Veränderung des Erziehungsstils

Vielen Eltern ist nicht klar, dass die zweite Hälfte der Entwicklungszeit der Kinder einen neuen Erziehungsstil benötigt. Keine einzige Erziehungsmethode aus der ersten Hälfte taugt für die zweite Hälfte!

Vor dem 9. Lebensjahr
versorgen

Nach dem 9. Lebensjahr
begleiten

Eltern mussten am Anfang des Lebens ihrer Kinder alles für sie entscheiden. Bezogen sich die pädagogischen Aufgaben der Eltern in der ersten Hälfte der Kindheit vorwiegend auf das Versorgen und Anleiten der Kinder, so können sich Eltern in der zweiten Hälfte mehr darauf konzentrieren, ihre Kinder beim Selbstständigwerden zu begleiten. Zuhören, Beraten, mit ihnen Abwägen und geduldig Zuschauen, wie sie versuchen, ihre eigenen Lösungsstrategien zu finden, gehören in dieser Phase zu den vorrangigen erzieherischen Tätigkeiten. „Was ist deine Lösung? Wie möchtest du es tun?“, sind nun angemessene Fragen der Eltern an ihr Kind. Das Kinderzimmer wird zur „elternfreien Zone“ erklärt. Das Tagebuch des

Kindes, Briefe, Mails, Whatsapp-Kontakte – dies alles ist für Eltern tabu. Die Eltern achten die Autonomie und Selbstbestimmung des jugendlichen Kindes.

Eltern sind neugierig auf die ganz besondere Art, wie ihr Kind sein Leben immer mehr selbst in seine Hände nimmt und gestaltet. Wenn Eltern sich von dem Wunsch verabschieden, dass ihr Kind alle Schritte des Lebens genauso machen soll, wie sie es würden, dann ermöglichen sie dem Kind die optimale Entfaltung seiner eigenen Begabungen und Fähigkeiten. Je weniger Vorschläge und Forderungen die Eltern an ihr Kind herantragen, desto selbstständiger und selbstbewusster findet das Kind seinen eigenen Weg zu leben. Je mehr die Eltern noch Vorgaben machen, desto entschiedener muss das Kind sich ihrem Willen widersetzen. Heftige Konflikte im Pubertätsalter zeugen davon.

Die Erwachsenen können die Reife und Kompetenz des Kindes mit Freude wahrnehmen. Indem die Eltern immer seltener eingreifen, um dem Kind zu helfen oder ihm einen „besseren“ Vorschlag zu machen, zeigen sie ihm ihre Achtung und ihr Zutrauen. Sie können sich auf die Ergebnisse ihrer Erziehung, die sie in der ersten Hälfte geleistet haben, schon verlassen. Sie geben dem Kind eine solide Grundlage. Dies gilt auch dann, wenn sich das Kind im Pubertätsalter so verhält, als wäre diese Grundlage verloren gegangen. Das Kind nutzt seine Freiheit, um Erfahrungen zu machen. Es wird zu gegebener Zeit auf seine Grundlagen zurückgreifen. Eltern werden in diesen Zeiten einer Geduldsprobe ausgesetzt. Es lohnt sich, sie zu bestehen. Wenn Kinder im Vorpubertäts- oder Pubertätsalter Fehler machen, die vielleicht sogar schmerzliche Folgen für sie oder andere nach sich ziehen, so verlieren die Eltern trotzdem nicht ihr Vertrauen in die Kinder. Sie sehen die Fehler als altersspezifische, wichtige Lernerfahrungen an und begleiten ihre Kinder gutmütig und gleichzeitig entschieden durch solche Krisen. Mit Kritik und Korrekturen sollten Eltern sparsam umgehen. Dann bleibt ihnen diese Möglichkeit für die wenigen Momente offen, wenn sie unbedingt nötig ist. Im Folgenden wird eine Methode des Umgangs mit Kritik vorgeschlagen, die eine Alternative zum „Meckern“ anbietet.

Wenn die Eltern in der zweiten Hälfte von Jahr zu Jahr freilassender und zutrauender an ihr jugendliches Kind herangehen, sorgen sie dafür, dass es nicht zögern wird, sie um Hilfe zu bitten, wenn es sie braucht. Dann bleiben die Eltern bis zur Volljährigkeit und sogar darüber hinaus „der sichere Hafen“, die Quelle von Geborgenheit und Halt, die verlässlichen Begleiter, ohne dass sie als einengend oder einmischend erlebt werden.

In der zweiten Hälfte der Kindheit ist die wichtigste Leistung der Eltern gegenüber ihren Kindern ihr unerschütterliches Zutrauen.

Der Familienrat hilft Eltern dabei, diese radikale Veränderung ihres Erziehens zu vollziehen. In der Regel wird beispielsweise im Familienrat ausgehandelt, dass während der laufenden Woche kein Familienmitglied die anderen an eine Aufgabe, die im Wochenplan steht, erinnert. Erst beim nächsten Familienrat blickt die Familie gemeinsam auf die vergangene Woche zurück. Dies ermöglicht den Eltern, Schritt für Schritt aus der Erziehungsmethode des Erinnerns, Ermahnens oder gar des Bestrafens auszusteigen. Das Bestrafen von Kindern gehört in ein autoritäres, veraltetes Erziehungskonzept. Es ist kein brauchbares Erziehungsmittel, weder in der ersten noch in der zweiten Hälfte der Kindheit, sondern schadet der vertrauensvollen Beziehung zwischen Eltern und Kindern (siehe zu diesem Thema E. Kessler, 2013). Erinnern, Ermahnen und das Anordnen von Aufgaben oder Handlungen gehört in das Erziehungskonzept der ersten neun Jahre. Je älter und selbstständiger ein Kind geworden ist, desto mehr muss es sich gegen unangemessene Erziehungsversuche der Eltern wehren. Wer mithilfe des Familienrats erzieht, rechnet ganz und gar mit der Klugheit der Kinder. Derjenige weiß, dass man Kinder in diesem fortgeschrittenen Alter nur motivieren kann, wenn man ihre Selbstständigkeit und ihre Freiwilligkeit mit einbezieht. Deshalb hört man in diesem Alter vollständig auf, die „Meckerstimme“ zu erheben oder seine Kinder zu ermahnen oder zu erinnern. Das bedeutet aber nicht, dass das Familienleben völlig konfliktfrei ablaufen würde.

So wie Konflikte selbstverständlich zum Familienleben gehören, sind sie ein normaler Bestandteil des Familienrats. Gerade hier ist ein Ort und eine Zeit, in der man gemeinsam Konflikte bewältigen kann.

Der Familienrat erfasst ja nur einen sehr kleinen Teil der familiären Kommunikation. Unabhängig vom Familienrat und vom Wochenplan profitieren andere Erziehungssituationen im Alltag der Familie von den Umgangsformen, die im Familienrat erlernt werden.

Ein Elternteil sagt zum Beispiel nicht mehr zu einem Kind in diesem Alter: „Du musst noch Hausaufgaben machen!“ Viel mehr fragt der Erwachsene nach dem Mittagessen: „Wie ist dein Plan für heute Nachmittag?“. Er traut dem Kind zu, an die eigenen Aufgaben selbstständig zu denken und gibt dem Kind den Spielraum, selbst zu entscheiden, wann es sie wie erledigt. Die Frage gibt dem Kind einen Impuls, ohne dass der Erwachsene über das Kind bestimmen würde. Eine zufrieden stellende Antwort des Kindes, die keiner Nachfrage mehr bedarf, könnte lauten: „Papa, ich hab alles im Griff“.

Identität - Ein Ort für jede Person

Die Familie ermöglicht den erstmaligen Entstehungsprozess der Identität eines jungen Menschen. Man stelle sich die Familie als Raum vor, in dem jede Person einen eigenen Ort hat. Das Wort „Ort" meint hier eine Position in der Familie mit einer bestimmten einzigartigen Bedeutung. Dieser Ort definiert, wer diese Person im Unterschied zu allen anderen ist. Dadurch kann sich jede Person eindeutig identifizieren und wird von den anderen individuell wahrgenommen.

Der Ort wird gekennzeichnet durch Merkmale wie Alter, Geschlecht, Haarfarbe, Position in der Geschwisterreihenfolge und alle weiteren gebräuchlichen Identifizierungskriterien des Seins. In einer Familie werden aber noch andere Arten von Merkmalen gebraucht. Zuschreibungen von Eigenschaften, Fähigkeiten und Neigungen kommen hinzu. Die Unterschiede, die Eltern auf der Grundlage des Kindesalters erzeugen, seien es Unterschiede in Form von Erlaubnissen oder dem Zutrauen, schwierigere Aufgaben schon erfüllen zu können, geben Kinder ein wohltuendes Spiegelbild. Der spezifische Platz des Kindes am Familientisch kann ebenfalls dazu dienen, die Bedeutung des Kindes im Kreis der Familie wahrnehmbar zu machen. Diejenigen Merkmale, die den zeitlich voranschreitenden Entwicklungsprozess des Kindes zu immer mehr Selbstständigkeit am besten spiegeln, haben mit dem Alter des Kindes zu tun. Im Alltag einer Familie spielen die Merkmale der alterspezifischen Pflichten und Aufgaben auf der einen Seite und der altersspezifischen Rechte und Privilegien auf der anderen Seite die größte Rolle. An ihnen erkennt das Kind sich selbst auf der Zeitachse seiner Entwicklung.

Die Identität (Persönlichkeit) eines Kindes entwickelt sich dadurch, dass es über die gesamte Zeit seiner Kindheit in vielfältiger Weise Informationen über sein gegenwärtiges Sein erhält. Diese Informationen bekommt das Kind aus der unbewussten Einschätzung der Eltern in Bezug auf ihr Kind. Sie drückt sich durch immer wieder neue Erziehungsentscheidungen der Eltern und durch ihre nonverbalen alltäglichen Reaktionen aus. Reaktionen von Enttäuschung und Sorge lösen beim Kind Selbstzweifel oder Verunsicherung aus. Reaktionen von Zutrauen und Anerkennung geben dem Kind das Gefühl, verstanden zu werden, geachtet zu sein und bestätigen das Kind auf seinem Weg. Verbale Reaktionen der Eltern dienen nur dann ebenfalls diesem Ziel, wenn sie authentisch gegeben werden, von Anerkennung und Wertschätzung geprägt sind und weder manipulieren noch unglaubwürdig loben. Eltern können ihre nonverbalen Reaktionen nicht strategisch steuern, d.h., sie können die Identitätsbildung der Kinder nicht direkt erzieherisch beeinflussen. Lediglich ihre grundsätzlich positive Haltung und ihr unerschütterliches Zutrauen können bewirken, dass die Informationen, die sie „ausstrahlen" (die am nonverbalen Verhalten ablesbar sind) ankommen und das Kind unterstützen. Wenn ein Kind das Glück hat, dass seine Eltern es grundsätzlich mit realistischem Zutrauen betrachten, so erlangt es, trotz aller möglicherweise auftretenden Krisen im Laufe seiner Kindheit, schließlich Selbstwertgefühl und eine gesunde Selbsteinschätzung und gewinnt Zutrauen in seine Fähigkeiten.

Die organisatorischen Aufgaben des Familienrats

Beteiligung der Kinder

Organisatorisch ist der Familienrat ein Werkzeug, das die Kinder an der Entstehung des Wochenplans der Familie beteiligt. Er ist ein Treffen aller Familienmitglieder regelmäßig einmal in der Woche für die Zeit der Herstellung und Erprobung des Wochenplans. Man sollte Wert darauf legen, eine Zeit zu wählen, in der wirklich alle, die zur Familie gehören, am Familienrat teilnehmen können. Nur in Ausnahmen führt man ihn auch durch, wenn ein Mitglied der Familie nicht anwesend sein kann. Man will vermeiden, dass sich nicht Anwesende übergangen fühlen. Über Telefonschaltung oder Webcam lässt sich sogar ein Familienmitglied einbeziehen, welches sich an einem entfernten Ort aufhalten muss.

Der genannte Rhythmus ist nur am Anfang sinnvoll. Keinesfalls sollten Eltern über längere Zeit darauf bestehen, den Familienrat jede Woche abzuhalten. Er darf niemals zu einer Zwangseinrichtung werden. Je kleiner die Kinder sind, desto herausfordernder (oder sogar überfordernder) ist für sie die Metakommunikation (über das eigene Handeln sprechen). Man darf sie damit keinesfalls quälen.

Der Familienrat dient der Familie nur so lange, wie er gebraucht wird. Sobald die Strukturen von allen verstanden und einigermaßen eingehalten werden, ist er nicht mehr nötig. Er wird erst dann wieder praktiziert, wenn er gebraucht wird (siehe hierzu den Abschnitt „Der Rhythmus des Familienrats" in diesem Kapitel).

Organisation des Familienlebens

Den Familienrat kann man ab zwei Personen durchführen, wenn die Familie nur aus zwei Personen besteht. Im Familienrat wird all das besprochen, was zur Organisation des Familienalltags entschieden werden muss. Es geht beispielsweise darum, wer in der kommenden Woche wann was wie verlässlich erledigt oder unternehmen darf. Man wählt dafür eine geeignete, festgelegte Zeit, beispielsweise zunächst maximal eineinhalb Stunden. Wenn jüngere Kinder dabei sind, sollte die Zeit erheblich kürzer sein. Später reicht ein viel kleinerer Zeitabschnitt, maximal eine halbe Stunde.

Der Familienrat ermöglicht der Familie, Strukturen zu schaffen, die für alle Familienmitglieder durchschaubar sind. Auf der Grundlage dieser Strukturen werden Pflichten und Aufgaben, Privilegien, Rechte und Autonomiebestrebungen eines jeden Familienmitgliedes wahrgenommen, geregelt und gewürdigt. Unterschiede, die für die Identitätsbildung so unverzichtbar sind, werden innerhalb dieser Strukturen nach Alter und nach persönlichen Besonderheiten gerecht und transparent verhandelt.

Die Methoden des Familienrats

Der Familienrat ist ein zentrales Werkzeug des **Familienkonzeptes**. Dieses Werkzeug enthält verschiedene Methoden, die helfen, die gerechte Verteilung der Positionen in der Familie auszuhandeln und zu verwirklichen. Die verschiedenen Merkmale der Positionen werden sichtbar gemacht und gewürdigt. Im Folgenden werden die Methoden des Familienrates im Einzelnen beschrieben.

Die Methoden im Überblick

- Aufgaben und Pflichten
- Privilegien und Rechte (Autonomie)
- Gerechtigkeit
- Altersspezifische Positionierung
- Teilnehmer
- Rhythmus
- Gesprächsleitung
- Kritik
- Heftige Gefühle
- Der Umgang mit Fehlern und Grenzüberschreitungen

Aufgaben und Pflichten

Eltern sehen oft mit dem Blick eines Lehrers, also leistungsorientiert, auf die Art und Weise, ob und wie ihre Kinder die ihnen aufgetragenen Aufgaben oder alltäglichen Pflichten erfüllen. Diese Eltern geraten in die Gefahr, überwiegend durch das Mitteilen ihrer Unzufriedenheit über ihre enttäuschten Erwartungen oder sogar durch Vorwürfe zu erziehen (das so genannte „Meckern"). Kinder erleben diesen Erziehungsstil entmutigend. Er fördert nicht ihr Selbstwertgefühl, sondern lässt sie an sich selbst zweifeln.

Wenn die Eltern wünschen, dass die Kinder auferlegte Aufgaben so perfekt erledigen sollen, wie sie von den Eltern erledigt würden, dann sollten die Eltern die Aufgaben lieber selbst erledigen. Kinder zeichnen sich dadurch als kindlich aus, dass sie die Aufgaben noch nicht so perfekt erfüllen wie die Erwachsenen. „Kindlich" meint hier: altersspezifisch, gesund, normal, für ein Kind passend. Interessant ist, dass viele Kinder, deren Eltern übertrieben hohe Ansprüche an den Perfektionsgrad der Aufgabenerfüllung der Kinder stellen, ihre Aufgaben unperfekter erledigen, als sie es eigentlich könnten. Daran kann man ablesen: Meckern oder Strafen nützen nichts. Das unperfekte Verhalten der Kinder ist ihr unbewusster Weg, mit den überzogenen Erwartungen der Eltern umzugehen. Es zeigt, dass die Kinder nicht durch die Aufgabe selbst, sondern durch den hohen Anspruch überfordert sind. Das Symptom sagt den Eltern ohne Worte: „Ich bin noch kleiner, unperfekter, als du mich haben willst!"

Das eigentliche Erziehungsziel, welches Eltern verfolgen, wenn sie Kindern Aufgaben und Pflichten geben, ist das Erlebnis des Kindes, dass es in der Familie ernst genommen wird und wichtig ist, weil es durch sein Bemühen produktiv beitragen kann. Wenn Eltern Gelassenheit und Zutrauen an den Tag legen, dann werden sie mit dem Ergebnis des kindlichen Handelns auch dann zufrieden sein, wenn es noch Fehler aufweist. Hier sind Großzügigkeit, Humor und Toleranz gefragt.

Die Wahl, welche Aufgaben und Pflichten ein Kind übernimmt, sollte freiwillig geschehen. Bei der Freiwilligkeit geht es nicht so sehr darum, ob eine Pflicht übernommen wird, sondern vor allem welche. Der Familienrat ist ein pädagogisches Werkzeug. Eltern geben mit altersgerechten Pflichten den Kindern Möglichkeiten, selbst erleben zu können, wer sie sind und was sie können. Wenn Eltern die pädagogische Potenz des Familienrats im Blick haben, bekommen sie ein ganz anderes Verhältnis dazu, wie ihre Kinder die Aufgaben erfüllen oder nicht erfüllen, als vorherige Elterngenerationen. Es geht bei den Pflichten nicht darum, den Eltern Arbeit abzunehmen, und es geht nicht um zu erbringende Leistungen. Es geht nur darum, für ein Kind die Aufgaben und Pflichten zu suchen, die das Kind aufgrund seines Alters und seiner Möglichkeiten als zu ihm passend erleben kann. Das Kind soll erfahren: Das kann ich schon selbstständig tun.

Aufgabenauswahl für die Kinder	
SP	*Spülmaschine und Spülen*
M	*Müll hinausbringen pro Tag*
Mü	*Müll zur Leerung an die Straße stellen, (Mü Bio, Mü Pl., Mü Pa)*
A	*Aufräumen im Familienbereich (Wohnzimmer, Flure, Treppen)*
S	*Staubsaugen im Familienbereich*
B+T	*Bad und Toiletten zwischendurch säubern (z.B. alle zwei Tage)*
Bl	*Blumengießen*
T	*Tier versorgen, Spazierengehen, Striegeln, Füttern*
Fl	*Flaschen in den Keller tragen und neue Getränke aus dem Keller holen*
G	*Glasmüll entsorgen, Pfandflaschen wegbringen*
Ti	*Tisch decken und abräumen*

Die Bedeutung von Aufgaben für das Kind

Das Kind möchte...

- stolz darauf sein, es schon tun zu können
- von den anderen als fähig angesehen werden
- als anerkanntes Mitglied zum Familienleben aktiv beitragen
- selbst daran denken
- es zum richtigen Zeitpunkt tun
- es so tun, dass es sinnvoll und nützlich ist
- es so gut tun, wie es geht

„Ich kann das schon!"

Wenn die Erwachsenen mit Belohnung oder Lob auf erfüllte Aufgaben reagieren, nehmen sie den Kindern ein Stück eigener Motivation weg. Das Kind würde dann die Aufgabe erfüllen, weil es eine Belohnung bekommt, nicht, weil es die Aufgabe von sich aus gerne erfüllen will. Die Aufgabe wird dann als eine Erziehungsübung zwischen Eltern und ihren Kindern angesehen. Kein Kind macht gerne Aufgaben, um den Eltern zu beweisen, dass es ihren Vorstellungen entspricht.

Wenn Erwachsene stattdessen mit einer Mischung aus Selbstverständlichkeit und Achtung reagieren, spürt das Kind, dass der Erwachsene dem Kind die Aufgabe selbstverständlich zutraut und das Kind für fähig und achtenswert hält. Die Aufgabe selbst ist in diesem Falle keine künstlich für Kinder ausgedachte Übung, sondern sie ist eine Alltagsnotwendigkeit der Familie, die bisher von den Eltern erledigt wurde. Und nun trauen die Eltern dem Kind aufgrund seines fortgeschrittenen Alters und seiner Fähigkeiten schon zu, sie zu übernehmen.

Das Kind fühlt sich ernst genommen. Dies stärkt die kindliche Motivation und sein Selbstbewusstsein. Unter diesen Umständen kann das Kind die Aufgabe als Merkmal der eigenen Identität erkennen und wird sie mögen.

Es folgt eine Übersicht von Aufgaben, die die Eltern erstellt haben und als Vorschlag in den Familienrat einbringen.

Kürzel	**Aufgabe**	**wie häufig**	**wann genau**
E	*einkaufen*	*1x groß p. Woche* *2x klein p. Woche*	*freitags* *montags, mittwochs*
Mü **M**	*Müll zur Tonne bringen* *Müll an die Straße bringen*	*jeden Tag 1x* *je Sorte 1x p. Woche bzw. 14-tägig*	 *vor 7 Uhr an den Abfuhrtagen*
P	*putzen und aufräumen in den gemeinschaftlich genutzten Räumen*	*2 - 3x p. Woche Di, Do, (So)*	*bis spät. 18 Uhr*
B +T	*Badezimmer und Toiletten Putzen*	*3x p. Woche So, Di, Do*	*bis spät. 18 Uhr*
S	*Saugen von Flur, Treppen, Diele*	*1x p. Woche mittwochs*	*bis spät. 18 Uhr*
SP	*Spülen oder Spülmaschine aus- und einräumen*	*jeden Tag*	*spät. 1 Std. vor dem Abendessen*
T	*Tiere versorgen* *Füttern* *Striegeln*	 *2x pro Tag* *2x pro Woche*	*morgens und abends* *spät. bis 18 Uhr*
Gl	*Glasmüll in die Waschküche bringen* *zum Container bringen*	*alle 2 Tage* *1x pro Woche*	
A	*Aufräumen der gemeinschaftlich genutzten Räume*	*jeden Tag*	*abends*
Bl	*Blumen gießen* *drinnen* *draußen*	 *jeden 2. Tag* *im Sommer*	 *1x pro Tag* *abends*
Ti	*Tisch aufdecken* *abdecken*	*3x am Tag* *3x am Tag*	*vor dem Essen* *nach dem Essen*

Privilegien und Rechte

Genauso wie mit den Aufgaben und Pflichten, so verhält es sich mit den Merkmalen der Identitätsentwicklung, welche dem Kind einen größeren Autonomiespielraum gewähren: Privilegien und Rechte. Hat der Erwachsene das Autonomiebedürfnis des Kindes richtig eingeschätzt und gewährt dem Kind immer so viele Rechte und Privilegien, wie es braucht, um in seiner Kompetenzentwicklung altersgemäß voranzuschreiten, so wird sich das Kind vom Erwachsenen bestätigt und wertgeschätzt fühlen. Es wird lernen, sich selbst und seine Fähigkeiten angemessen einzuschätzen. Und es wird ein gesundes Selbstwertgefühl entwickeln. Durch das Zutrauen der Eltern entsteht Selbstvertrauen.

Altersspezifisch zunehmende Rechte und Privilegien beziehen sich beispielsweise auf Zeitregelungen, bis zu welcher Uhrzeit ein Kind abends ausbleiben darf oder wie lang es aufbleiben darf, bevor es schlafen soll. Dazu gehören die Höhe des Taschengeldes, die Dauer und Art der erlaubten Mediennutzung, grundsätzliche Erlaubnisse für Unternehmungen und Veranstaltungen, ein größerer Freiheitsspielraum im Umgang mit der eigenen Kleidung, dem eigenen Zimmer, dem eigenen Geld und vieles mehr.

Würden Eltern im Familienrat altersspezifische Pflichten und Aufgaben verteilen, aber keine altersspezifischen Privilegien und Rechte, so brauchten sie sich nicht zu wundern, wenn die Kinder ihre Pflichten Woche für Woche nur schlecht oder gar nicht erfüllen. Die dem Alter des Kindes angemessene Autonomie, seine Privilegien und Rechte, geben dem Kind ein Gefühl für seine Kompetenz, Selbstständigkeit und Freiheit. Dies gibt die Basis dafür, dass das Kind ganz von selbst spürt, dass auch Pflichten und Aufgaben zu der Rolle dazugehören, die es in der Familie hat. Eltern, die dieses Prinzip beherzigen, kommen ganz und gar ohne „Moralpredigten über die Notwendigkeit der Pflichterfüllung" aus, die über viele Generationen dafür gesorgt haben, dass Kinder elterntaub geworden sind.

Gerechtigkeit

Der Umgang der Eltern mit dem ältesten Kind in einer Familie bezüglich der Verteilung von Privilegien und Aufgaben gibt den Maßstab für alle anderen Kinder. Dem ältesten Kind werden mehr herausfordernde Pflichten zugetraut und es erhält als erstes Kind größere Privilegien. Daran erkennt das Kind, dass die Eltern wahrnehmen, wie weit es den jüngeren Geschwistern voraus ist. Es fühlt sich ernst genommen und gerecht beurteilt. Ein so behandeltes ältestes Kind wird es leichter haben, Rücksicht auf jüngere Geschwister zu nehmen oder beim Spielen zu verlieren.

Wann ein Kind wie lange abends aufbleiben darf, wann es welche Medien benutzen darf, wie viel Taschengeld es bekommt, hängt vor allem von seinem Alter und seiner Position in der Geschwisterreihenfolge ab. Gerechtigkeit bedeutet hier, dass Eltern in der Lage sind, altersspezifische Unterschiede zu machen und die einmal beschlossenen Entscheidungen über die Jahre bei allen Kindern gerecht und zuverlässig einzuhalten. Hierbei ist das Ziel, jedes Kind als einzelnes Individuum zu fördern und ihm durch die Unterschiede zu allen anderen seine Einzigartigkeit zu spiegeln. Gerechtigkeit in der Familie zu praktizieren, bedeutet also, gerechtfertigte Unterschiede erlebbar zu machen.

An dieser Stelle kann man sehen, wie sich der Begriff der Gerechtigkeit, angefangen bei den Generationen vor uns bis heute, drastisch verändert hat. Galt es doch noch bei unseren

Großeltern oder Eltern als „gerecht“, dass alle Kinder (ungeachtet des Altersunterschiedes) gleich viel fernsehen durften, gleich viel Taschengeld bekamen, gleich geartete Pflichten erfüllen mussten, zur gleichen Uhrzeit abends ins Bett gehen mussten. So sehen wir es heute als gerecht an, die Privilegien und Pflichten altersgerecht zu differenzieren, um dem Kind zu zeigen, wer es durch sein Heranwachsen schon geworden ist, gerade im Unterschied zu den jüngeren oder älteren Geschwistern.

Spürt ein Kind, dass seine Einzigartigkeit in der Familie gewürdigt wird, ist es in der Lage, die Werte des sozialen Umgangs in der Gemeinschaft zu achten. Die Werkzeuge des **Familienkonzeptes** fördern die Entfaltung von Fähigkeiten jedes Einzelnen im sozialen Organismus des Familienganzen.

Alter der Kinder

Diejenigen Werkzeuge des **Familienkonzepts**, die die Partner betreffen, können vom ersten Tag einer Partnerschaft an genützt werden. Es ist sinnvoll, mit dem Familienrat zu beginnen, wenn das älteste Kind in der Familie zwischen neun und zehn Jahre alt geworden ist. Von der Schulreife an, können jüngere Geschwister schon mitmachen, brauchen aber noch die Hilfe der Erwachsenen. Viele Eltern denken, dass ihr Kind schon reif genug ist, um eine Aufgabe für die Familie zu übernehmen. Das ist aber nicht der Zeitpunkt, an dem man beginnen sollte, die Kinder mit dem Werkzeug des Familienrats vertraut zu machen. Der Familienrat verlangt von den Kindern viel mehr, als in der Lage zu sein, eine eigenständige Aufgabe zu übernehmen. Die heutige Gesellschaft übersieht gelegentlich, dass Kinder zu manchen Tätigkeiten zwar schon die passende Fähigkeit besitzen, aber den Status des Kindseins und die damit einhergehende Geborgenheit verlieren würden, wenn ihre Eltern schon erwarten würden, dass sie diese Tätigkeit schon verlässlich und eigenverantwortlich für die Familie übernehmen würden. Im Einführungsteil dieses Buches wird im Themenschwerpunkt der pädagogischen Ziele im Abschnitt „Der Unterschied zwischen der Elternwelt und der Kinderwelt" auf diese Zusammenhänge aufmerksam gemacht. Fangen Eltern mit dem Familienrat zu früh an, so rächt sich dieser Fehler bitter: Die Kinder mögen ihn nicht und verweigern die Teilnahme. So zeigen sie ihre Überforderung. Erst von dem Alter von neun Jahren (bei Mädchen) und zehn Jahren (bei Jungen) an wächst die Fähigkeit von Kindern, unterschiedliche Standpunkte nebeneinander wahrnehmen zu können.

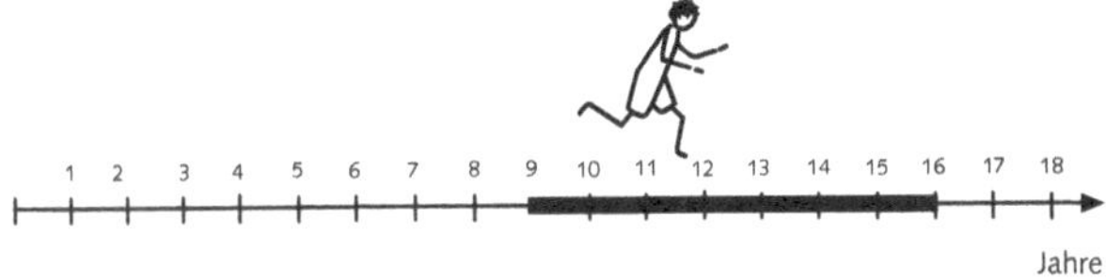

Die Entwicklung des Perspektivenwechsels beginnt im Alter von etwa neun bzw. zehn Jahren bei den meisten Kindern. Vollends ausgebildet ist diese Fähigkeit idealer Weise, wenn der Mensch gelernt hat, sich in die Gefühle, Motive und Handlungsweisen anderer Menschen hineinzuversetzen. Diese Entwicklung befähigt einen erwachsenen Menschen, Verantwortung für andere Menschen zu übernehmen. Man geht davon aus, dass diese Fähigkeit bei gesund entwickelten Erwachsenen im Alter von siebenundzwanzig Jahren so reif ist, dass sie bei gleichzeitiger Eignung und Ausbildung in der Lage wären, für größere Menschengruppen verantwortungsbewusste Entscheidungen zu fällen, wie es Politiker, Arbeitgeber, Institutionsleitende und viele andere Erwachsene tun. Wenn man also bedenkt, dass die Entwicklung dieser Fähigkeit bis zu ihrer vollen Reife vom neunten bis zum siebenundzwanzigsten Lebensjahr dauert, dann kann man mit Interesse, mit viel Geduld und Zuversicht den Kindern dabei zusehen, wie sie im Familienrat beginnen, sich darin zu üben.

Kleinere Kinder werden je nach Alter spielerisch einbezogen und werden geduldig von allen unterstützt. Von ihnen kann noch nicht erwartet werden, dass sie aus Einsicht in die familiäre Gesamtsituation handeln können. Werden sie zu früh zu fordernd einbezogen, boykottieren sie ihre Mitarbeit aus Überforderung und sind, wenn sie im passenden Alter sind, schwerer dazu zu bewegen, teilzunehmen.

Meist ist es ratsam, bei Heranwachsenden über sechzehn Jahren die Methode des Familienrats nur noch zu benutzen, wenn die Heranwachsenden es ausdrücklich wünschen. Sie sind ja schon daran gewöhnt, wie die Familie funktioniert, sie haben diesbezüglich schon alles gelernt. Zu diesem Zeitpunkt sind sie schon damit beschäftigt, aus der Familie hinauszuwachsen. Dies zeigen sie unbewusst (manchmal bewusst und unmissverständlich), indem sie nicht mehr so „funktionieren“ wie die Eltern wollen. Diese Phase wird von vielen Eltern als unangenehm empfunden, aber die Entwicklung des Heranwachsenden ist gesund und berechtigt.

Ihre Autonomie ist so weit fortgeschritten, dass man sich tägliche Konflikte gefallen lassen müsste, wenn man versuchen würde, sie gegen ihren Willen noch in den Familienrat zu integrieren. Diese Konflikte wären nicht nützlich, weil es kein sinnvolles Erziehungsziel darstellt, die Jugendlichen in eine kindlichere Entwicklungsphase zurückzwingen zu wollen, die sie entwicklungsgemäß verlassen müssen oder schon verlassen haben.

Teilnehmer am Familienrat

Wenn Großeltern oder andere Menschen (beispielsweise ein Au pair oder ein Austauschschüler) ständig in der Familie leben, können sie am Familienrat teilnehmen.

Mitglieder einer Patchworkfamilie nehmen am Familienrat teil, wenn sie am Alltagsleben der Familie beteiligt sind. Beispielsweise sind Kinder aus einer vorherigen Beziehung eines Elternteils dabei, wenn sie während einer oder mehrerer Wochen in der Familie leben. Auch Kinder, die nur an bestimmten Wochenenden in der Familie mit leben, können, wenn es sinnvoll erscheint, zum Familienrat hinzugezogen werden. In den zwei letztgenannten Beispielen beziehen sich die inhaltlichen Themen, die in einem solchen Familienrat verhandelt werden, nur auf die Zeiten, in denen diese Familienmitglieder am Familienleben aktiv beteiligt sind. Für die restliche Zeit macht die Kernfamilie einen gesonderten Familienrat. Neue Partner von getrennt lebenden Eltern sind dann unverzichtbare Mitglieder des Familienrats, wenn sie in derselben Wohnung mit der Familie wohnen. Ein getrennt lebender Elternteil ist nur dann Mitglied im Familienrat, wenn er noch in der Familie wohnt oder zumindest tagsüber seine aktiven Aufgaben als Familienmitglied in der Wohnung verrichtet, in der die Familie wohnt. Voraussetzung für die Mitwirkung im Familienrat ist allerdings, dass die getrennten Eltern ihre Trennung oder ihre Streitigkeiten nicht im Familienrat austragen. Dafür ist der Familienrat ganz und gar nicht geeignet.

Jeder, der aktiv als ständiges oder vorübergehendes Familienmitglied in der Familie lebt, ist potenziell ein Mitglied im Familienrat. Die Kernfamilie (oder das Elternpaar) entscheidet in einem Familienrat zunächst ohne die externen Mitglieder darüber, ob, wann und unter welchen Umständen die externen mitwirken sollen.

Rhythmen des Familienrats

Der Familienrat wird in der Zeit, in der er gebraucht wird, wöchentlich einberufen, hat einen festen Tag und eine feste Uhrzeit. Möglichst alle Familienmitglieder sollten teilnehmen.

Man nutzt die Methode des Familienrats nicht kontinuierlich durchs ganze Jahr hindurch, sondern in Phasen von maximal drei Monaten. Es ist sinnvoll, sie zum Kennenlernen das erste Mal relativ lang, beispielsweise zwei oder drei Monate, durchzuhalten. In den Pausen, in denen man weder einen Wochenplan schreibt, noch den Familienrat wöchentlich abhält, bleiben die Vereinbarungen und Aufgaben (auch der Rhythmus der Chefaufgabe und alle sich wiederholenden Daten des Wochenplans) bestehen. Dabei entdecken die Familienmitglieder, dass durch **das Familienkonzept** neue Gewohnheiten des Umgangs in der Familie entstanden sind, die in den Pausen nicht so schnell verloren gehen. Die Gewohnheiten der Selbstregulation der Familie sichern jedem Mitglied die

Wahrnehmung und Achtung der anderen, verhindern Vorwürfe, Schuldzuweisungen und Ungerechtigkeiten. Diese Vorteile nutzen die Familienmitglieder ganz selbstverständlich auch in den Pausen.

In den Schulferien macht man eine Pause, die deutlich länger dauern kann, als die Ferien. Eine Ausnahme von dieser Regel können Patchworkfamilien machen, die in diesen Zeiten einen hohen Bedarf an Rollenklärung und ungewohnter Aufgabenverteilung haben, wenn Kinder aus einer vorherigen Familie eines Elternteils hinzukommen. Wenn zwei Familien gemeinsam in Urlaub fahren, eignet sich eine abgewandelte Form des Familienrats als Ferienrat dafür, Zuständigkeiten und Strukturen einzurichten, die das Zusammenleben in diesen besonderen Zeiten angenehm gestalten.

Nach der Ferienpause beginnen Eltern erst wieder mit dem Familienrat (für kurze Zeit), wenn sie bemerken, dass die Spielregeln des familiären Zusammenlebens nicht mehr gut funktionieren.

Gesprächsleitung

Der Familienrat mit Gesprächsleitung

Während des Schulkind- und Vorpubertätsalters der Kinder zeigt es sich als nützlich, dass ein Elternteil (im Wechsel mit dem Partner) die Gesprächsleitung des Familienrats übernimmt. Kinder sind in dieser Entwicklungsphase mit der

Aufgabe noch überfordert. Die Aufgabe der Gesprächsleitung beinhaltet ausschließlich die Regelung der Kommunikation. Die Familie kann dafür Spielregeln festlegen. Gelassenheit, Allparteilichkeit, Humor und Gutmütigkeit helfen dem Erwachsenen, diese schwierige aber auch beglückende Aufgabe zu meistern. Von seiner positiven Grundhaltung hängt das Gelingen der Situation ab. Geht er an diese Aufgabe heran, als handle es sich um eine unwillkommene aber nötige Pflicht, so werden die Familienmitglieder es schwer haben, sich auf das Gespräch einzulassen. Sie werden das Gefühl bekommen, dass ihre Beiträge nicht recht wertgeschätzt werden oder das der Gesprächsleiter schnell fertig werden möchte und sich nicht richtig auf ihre Einwände oder Wünsche einlässt. Freut sich die Person, die die Gesprächsleitung übernommen hat, auf den Familienrat, bereitet ihn vor und nimmt ihn wichtig, dann ist die Wahrscheinlichkeit groß, dass die anderen Familienmitglieder sich auch gerne beteiligen. Sie werden das Gefühl haben, dass ihre Wortmeldungen verstanden und gewürdigt werden.

Die pädagogische Wirkung des Familienrates geht weit über die Organisation des Alltags hinaus. Wenn die Eltern den Familienrat mit positiver Stimmung führen, gibt er ihnen die Chance, ein Klima gegenseitiger Wertschätzung und Freude an der Gemeinschaft herzustellen.

Zu den Aufgaben der Gesprächsleitung gehört es beispielsweise, den festgelegten Zeitraum einzuhalten und zu strukturieren: Er liegt aus Erfahrung zwischen einer halben Stunde (erfahrene Familie) und eineinhalb Stunden (Neuentwicklung des Familienrats). Außerdem sorgt die Gesprächsleitung durch Vorschläge, Hilfestellung oder Spiegelung dafür, dass die Gesprächspartner einander zuhören, sich nicht gegenseitig ins Wort fallen und sich verständlich ausdrücken. Und sie regelt die Reihenfolge der Gesprächsbeiträge. Zum Schluss ist der Gesprächsleiter dafür verantwortlich, dass die Ergebnisse des Familienrates in den Wochenplan geschrieben werden.

Der Erwachsene, der die Gesprächsleitung übernommen hat, ist nicht befugt, über Inhalte des Gesprächs zu bestimmen, jemandem das Wort zu verbieten, Ergebnisse vorwegzunehmen, zu bestimmen, wer welche Aufgabe übernimmt, den eigenen Willen durchzusetzen oder Ähnliches. Keinesfalls darf die Gesprächsleitung Personen oder Handlungen moralisch verurteilen oder die Gelegenheit zu einer „Moralpredigt" benutzen. Eltern dürfen den Familienrat nicht dazu benutzen, weiterhin ihre Kinder autoritär zu erziehen. Sonst brauchen sie sich nicht zu wundern, wenn die Kinder nach ein oder zwei Versuchen ihre Mitwirkung im Familienrat verweigern.

Die positive Rückmeldungsrunde

Die beste Form der Bestärkung und Wertschätzung in der Familie ist diejenige, die nicht viele Worte braucht, sondern in kurzen Zufriedenheitsbekundungen oder anerkennenden Blicken während des Alltagslebens selbstverständlich und spontan gegeben wird. Der Ausdruck von großer Freude oder Stolz im Gesicht eines Elternteils anlässlich einer Leistung oder einer hilfreichen Handlung eines Kindes ist wirkungsvoller für sein Selbstwertgefühl als übertriebenes Lob oder gar eine Belohnung.

Die Familie kann zu Beginn einer neuen wöchentlichen Familienratssitzung einander positiv Rückmeldung (Feedback) geben, wie die Abläufe der vergangenen Woche gelungen sind. Man sollte sparsam mit dieser Form der Metakommunikation (über das Handeln oder die Personen sprechen) umgehen, denn sie gehört in die Art, wie Erwachsene reflektieren. Kindern ist das darüber Sprechen eher fremd. Sie werden in unserer Welt schon mehr als genug beurteilt und benotet. Manchmal bemerken Eltern aber, dass Kinder sich besonders bemüht haben oder besondere Fortschritte gemacht haben und wollen sie darin bestärken. Dann kann der Gesprächsleiter eine Rückmeldungsrunde einführen: Jeder in der Familie gibt nacheinander jedem Anderen zu einem neuen Gesichtspunkt des Ablaufs der vergangenen Woche eine positive Rückmeldung. Je mehr es den Familienmitgliedern gelingt, charakterisierend zu sprechen und konkrete Details zu benennen, statt zu beurteilen (oder gar zu verurteilen) desto besser fühlt sich derjenige, der Rückmeldung bekommt, wahrgenommen.

Der Satz „das hast du gut gemacht", ist unkonkret und sagt wenig aus. Er ist nur ein allgemein ausgesprochenes Lob. Kinder fühlen sich davon nicht sonderlich angesprochen. Der Satz: „... und ich hab gesehen: Du hast das Waschbecken mit Scheuermilch bearbeitet und hast die Kalkränder mit Essigessenz beseitigt, so blitzblank war unser Waschbecken schon lange nicht mehr!", gibt dem Kind zu verstehen, dass der Erwachsene mit großer Genauigkeit wahrgenommen hat, wie das Kind diese Aufgabe gemeistert hat. In der Stimme und im Blick des Erwachsenen kann das Kind echte Aufmerksamkeit und Anerkennung erkennen. Dies löst bei jedem Kind Freude aus und stärkt sein Selbstbewusstsein. Eine solche Rückmeldung motiviert ein Kind, die Aufgabe weiter gut zu erfüllen.

Negative Rückmeldungen oder an positive Sätze angehängte aber-Sätze sind in dieser Runde nicht gestattet. Aus Gerechtigkeitsgründen darf niemand ausgelassen werden, weder dabei, Rückmeldung zu geben, noch dabei, sie zu erhalten. Jeder gibt jedem Anderen eine andere Rückmeldung als der/ die Vorredner (keine Wiederholungen). Aus Zeitgründen darf jeder nur eine Rückmeldung zu einem Punkt zu jedem Anderen sagen. Um Verletzungen zu vermeiden, sollte sich die Rückmeldung möglichst auf Handlungen, Dinge oder Geschehnisse beziehen und nicht auf das Sein eines Familienmitglieds.

Während der Runde sollte möglichst niemand dazwischen sprechen oder antworten, der nicht an der Reihe ist. Über die Rückmeldungen wird nicht diskutiert. Man sollte solche Runden nicht oft durchführen, sonst werden sie unglaubwürdig und konstruiert empfunden, weil nicht immer jeder in der Lage ist, etwas echt Positives zu äußern.

Elternteil A fängt mit der Runde an und sagt: „Anna, mir ist aufgefallen, dass dir in dieser Woche beim Müll Hinausbringen nichts daneben gefallen ist. Zweimal war die Mülltüte extrem voll. Mir tut es leid, dass ich die Tüte nicht rechtzeitig ausgewechselt habe. Du hast darüber nicht gemeckert, hast es einfach erledigt, und der Boden zwischen Küche und Mülleimer blieb ganz sauber. Echt gut! Tim, ich bin einfach stolz auf dich, wie du eine so volle Schulwoche, wie diese, gemeistert und trotz zweier Klausuren hier zu Hause alle Aufgaben geschafft hast, und sogar noch das Geburtstagsgeschenk für G. besorgt hast."
Nun spricht Elternteil A Elternteil B an: „In dieser Woche habe ich mich von dir sehr unterstützt gefühlt. Du hast mir wohl angesehen, wie wenig ich geschlafen hatte, und hast am Sonntag allein das Frühstück gemacht, obwohl wir das doch zusammen machen wollten. So konnte ich eine ganze Stunde länger schlafen."
Nun ist die Tochter an der Reihe, den Anderen Rückmeldung zu geben. Sie sagt: „Tim, ich bin so froh, dass du nun die Spülmaschinenaufgabe ganz übernommen hast. Noch nie hat jemand den Küchenschrank so übersichtlich eingeräumt. Und endlich komme ich ohne Stuhl an meine Lieblingstasse!" Sie spricht dann Elternteil A an und lacht dabei: „Es wurde aber auch mal Zeit, dass du dir dieses Wochenziel ausgesucht hast. Und ich bin froh, dass wir im letzten Familienrat eine so strenge Folge für dich bestimmt haben. Du hast wirklich weniger gemeckert!" Sie öffnet das Familiensparschwein und zählt das Geld. „Du musstest nur 3 Euro bezahlen!" (Im nächsten Kapitel wird der Umgang mit dem Wochenziel und den Folgen genauer erklärt. Dort wird dieses Beispiel noch einmal aufgegriffen.)
Sie fährt fort, Elternteil B ebenfalls eine Rückmeldung zu geben. Anschließend sind Elternteil B und Tim an der Reihe, Rückmeldungen an alle Anderen zu geben.

Kritik: „Einen Ball zuwerfen"

Es wurde schon erwähnt, dass vorige Elterngenerationen durch „Meckern" versucht haben zu erziehen, und mit dieser Erziehungshaltung nicht in der Lage waren, das Selbstwertgefühl der Kinder zu stärken. Kritik kann noch so behutsam und diplomatisch formuliert werden - wenn sie auf vergangene Handlungen oder Ereignisse verweist, löst sie unweigerlich das Gefühl von Ungerechtigkeit in der Beurteilung und Rechtfertigungsversuche aus. Aus diesem Grunde gibt es drei einfache und praktikable Techniken, die diese negative Wirkung zu vermeiden helfen.

Die erste Technik hilft dem Kritikgeber, die Kritik annehmbar zu formulieren. Sie lautet:

Formuliere Kritik in die Zukunft gerichtet.

Statt zu sagen: „Nie machst du die Tür zu" oder „immer lässt du die Tür offen" (die Aussage bezieht sich auf die Vergangenheit), formuliert man: „Bitte, schließe das nächste Mal die Tür, dann sitzt es sich hier gemütlicher" (zukunftsorientiert).

Die erste Technik kann verhindern, dass beim Aushandeln unterschiedlichster Interessen und Sichtweisen der Familienmitglieder jemand durch einen Vorwurf in seiner Würde verletzt würde.

Die zweite Technik verhilft dem Kritiknehmer dazu, Rechtfertigungsversuche zu vermeiden, die einen unangenehmen Schlagabtausch von Argumenten zur Folge hätten. Stattdessen zeigt der Kritiknehmer sein Verständnis für den Veränderungswunsches und nimmt ihn entgegen. Sie lautet:

Nimm dasjenige an der Kritik bejahend entgegen und benenne es, welches du schlüssig findest.

Statt zu sagen: „Ich mache doch die Tür immer zu!", formuliert man: „Ja, das kann ich verstehen, es ist gemütlicher so."

Die dritte Technik verhindert, dass der Kritikgeber und der Kritiknehmer in langwierigen Begründungen ihre Standpunkte rechtfertigen und damit alle Gesprächsteilnehmer langweilen. Sie lautet:

Sag nicht mehr als erforderlich.

Statt zu sagen: „Schließe bitte das nächste Mal die Tür, denn sonst sitze ich im Zug oder muss dauernd aufstehen, und das stört meinen Arbeitsablauf, und dann kann ich nicht schnell genug fertig werden, um das Essen zu kochen…", sagt man nur: „Bitte schließe das nächste Mal die Tür, dann sitzt es sich hier gemütlicher."

Und anstatt zu sagen: „Es ist viel gemütlicher, wenn die Tür offen steht. Außerdem renne ich so oft hin und her, dass es sich nicht lohnen würde, jedes Mal die Tür zu öffnen und wieder zu schließen…", sagt man nickend: „Danke für den Hinweis."

Lange Begründungen und Argumentationen enthalten unweigerlich Unterstellungen und führen zu nonverbalen Äußerungen (Augenbrauenbewegungen), die die Kritik verschlimmern. Ein kurzes Geben und Nehmen von einem einzigen Kritikpunkt, der „auf den Punkt" formuliert ist, wird dagegen von beiden empfunden, als würde der Eine einen Ball werfen und der Andere ihn auffangen. Deshalb werden diese drei Techniken zusammen „einen Ball zuwerfen“ genannt.

Diese einfachen Techniken können im Familienrat erlernt und bewusst vereinbart werden. So lernen alle Familienmitglieder, wie wohltuend es ist, auf diese Weise Veränderungswünsche und Vorschläge zu formulieren. Sind die Techniken einmal gelernt worden, werden sie vom jeweiligen Gesprächsleiter vorausgesetzt und, wenn nötig, liebevoll eingefordert.

Heftige Gefühle im Familienrat

Es ist **nicht** sinnvoll zu beschließen, dass der Ausdruck von hoher Emotionalität nicht gestattet sei. Es ist allenfalls eine von Erwachsenen gewünschte Zielvorstellung, dass ein weniger oder gar nicht eskalierender Umgang im Laufe der Zeit gelernt werden kann. Voraussetzen sollten sie ihn nicht. Kinder brauchen lange, ehe sie ihn beherrschen.

Fair Play und Gerechtigkeit sind nicht immer leicht zu verwirklichen. Die Kinder erleben beim Üben heftige Gefühle. Sie dürfen sie ausdrücken, erhalten im Familienrat Verständnis dafür und Hilfe zur Klärung.

Wenn allerdings Eltern an sich selbst beobachten, dass sie in den Familienratssitzungen zu unangemessenen emotionalen Ausbrüchen neigen, so wäre es ratsam, zu überprüfen, wie sie ihre Emotionen angemessen besänftigen könnten (beispielsweise durch Entspannungsübungen), damit sie gute Vorbilder sein können. Kommuniziert wird dies in der Familie nötigenfalls durch eine Entschuldigung und einen konkreten Plan, wie der Erwachsene die Reaktionen ändern wird. Keinesfalls sollte sich ein Elternteil selbst dafür verurteilen oder vom Partner dafür verurteilt werden. In aller Regel haben solche emotionalen Ausbrüche eine schmerzvolle Vorgeschichte in der Kindheit der Eltern. Manchmal kann es sinnvoll sein, in einem Coaching oder einer Therapie diese Vorgeschichte noch einmal wahrzunehmen, um aus ihr neue Schlüsse und erwachsene Lösungen zu entwickeln. Dies lässt sich mit einem annehmenden, wertschätzenden, liebevollen Umgang mit sich selbst (eventuell unter professioneller Anleitung) bewältigen.

Zusammenfassend besteht die Aufgabe des Gesprächsleiters im Familienrat darin, demokratisches Aushandeln von familiären Angelegenheiten zu ermöglichen.

Fehler und Grenzüberschreitungen

Wenn die im Familienrat verhandelten Aufgaben oder Ziele während der Woche scheitern, können Eltern unterscheiden zwischen Situationen, die sofort geklärt werden müssen und solchen, die Zurückhaltung benötigen und erst im Familienrat angesprochen werden. Eltern könnten in schwierigen Situationen beispielsweise in folgender Weise zwischen Fehlern und Grenzüberschreitungen unterscheiden:

Fehler lösen im Prinzip keine Verärgerung bei Erwachsenen aus, weil sie erwartbar zum Heranwachsen dazugehören. Sie werden im Familienrat besprochen, und es werden gemeinsam Verbesserungsideen erarbeitet.

Grenzüberschreitungen können von Erwachsenen beispielsweise als unbewusste Fragen interpretiert werden. Sie wurden früher als „Provokationen" bezeichnet und verurteilt. Heute wissen wir, dass Kinder niemals provozieren wollen, sondern dass sie auf diese Weise Fragen stellen oder Bedürfnisse zeigen, die sie nicht verbal artikulieren können. Es sind dies beispielsweise Beziehungsfragen, Rangordnungsfragen, Fragen zu Tabus, Bewertungsfragen oder der Wunsch nach Zuneigung, Orientierung, Halt oder Wahrgenommenwerden. Sie lösen bei dem betroffenen Elternteil nicht selten heftige Gefühle aus und führen zu Konflikten. Sie werden in der Grenzüberschreitungssituation sofort ausgefochten.

In einem anderen Zusammenhang könnte es genau umgekehrt geregelt sein:

Fehler werden sofort angesprochen und behoben, weil sie sonst eventuell eine ganze Woche von den Anderen ertragen werden müssten, während Grenzüberschreitungen begrenzt und dann nicht weiter kommentiert und erst im Familienrat besprochen werden. Dies könnte hilfreich sein, wenn die emotionale Betroffenheit in der Situation zu groß wäre, um eine sachliche Klärung zustande zu bringen. Der Familienrat hätte in einem solchen Falle die Aufgabe, mit gutmütiger Distanz die Situation zu betrachten und beide Seiten zu verstehen. Daraus ergeben sich Lösungen, die im Konflikt selbst nicht hätten entstehen können. (Zum Thema Grenzüberschreitungen und Konflikte in der Familie siehe E. Kessler 2013)

Der Familienrat als Lernfeld

Die beschriebenen Methoden des **Familienkonzepts** sorgen nicht für ein „harmonisches und reibungsloses Familienleben". Wer sich dies wünscht, braucht Urlaub oder hat den Sinn von Familie verkannt. Ihr Ziel ist es viel mehr, Strukturen zu schaffen, in denen Familienmitglieder miteinander üben können, selbstbewusst und berechtigt ihre Bedürfnisse und Ziele mit denen der anderen in Einklang zu bringen. Dabei lernen die Familienmitglieder, einander zuzuhören, Unterschiede tolerant zu handhaben, Gerechtigkeit auszubalancieren, Konflikte auszutragen und gemeinsam Lösungen zu finden und in die Tat umzusetzen. Die große Stärke der Familie zeigt sich darin, dass sie für diese Lernschritte über viele Jahre einen geborgenen Raum zur Verfügung stellt, in dem Fehler normal sind und gemeinsam bewältigt werden. Der Familienrat macht diesen Lernprozess sichtbar. Hier lernen Kinder, über sich und andere gemeinsam nachzudenken und zu sprechen.

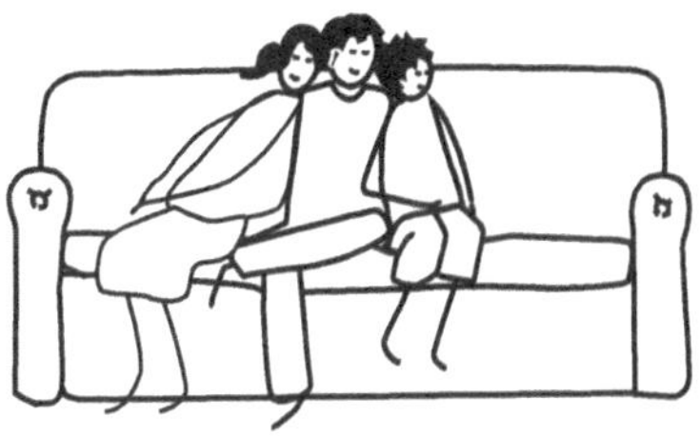

Werkzeug 6: Der Wochenplan der Familie

Der Plan

Das sichtbare Ergebnis eines Familienrats ist der Wochenplan der ganzen Familie. Er kann in digitaler Form zur Verfügung stehen, als Tafel oder als ein sehr großer Bogen Papier/Pappe, der an einer für alle gut sichtbaren Wand an zentraler Stelle der Wohnung hängt. Er enthält die Wochentage einer Sieben-Tage-Woche und für jedes Mitglied der Familie zwei bis vier Spalten. Die Ergebnisse des wöchentlichen Familienrats münden jede Woche neu in veränderten Eintragungen im Wochenplan der Familie.

Bevor die Eltern den Familienwochenplan aufstellen, ist es ratsam, folgende Schritte zu gehen:

- eine Übersicht über die beruflichen Blöcke der Eltern erstellen (erstes Werkzeug)
- alle Zusatzaufgaben und die Chefaufgabe aufteilen (zweites und drittes Werkzeuge)
- möglicherweise Aufgaben an Helfer delegieren (viertes Werkzeug)
- mit der Art der Verteilung der elterlichen Aufgaben vertraut sein und darin eine spielerische Routine entstehen lassen (Prototyp)
- in einer Familienratssitzung die Termine, Aufgaben und Freizeitbeschäftigungen der Kinder ermitteln (fünftes Werkzeug)

Der spielerische Umgang der Eltern mit den Werkzeugen motiviert die Kinder, mit Neugier am Familienrat mitzuwirken und ihre Eintragungen mit dem bisher gültigen Plan der

Eltern in Einklang zu bringen. Praktisch heißt dies: Es entstehen nun so viele Spalten im Wochenplan, wie es Personen in der Familie gibt. Die Zeit, in der die Kinder in der Schule sind, und die Zeiten, in denen sie Hausaufgaben und Haushaltspflichten erledigen, werden als ihre „beruflichen Blöcke" aufgefasst, die nach Alter gestaffelt selbstverständlich kürzer sein müssen als die elterlichen.

Von Woche zu Woche treffen sich alle Familienmitglieder im Familienrat, um die Erfahrungen mit dem Wochenplan auszuwerten und Veränderungen vorzunehmen. Unverzichtbar ist ein sehr großer Plan für die ganze Familie, der an einer zentralen Stelle der Wohnung an der Wand hängt. In einer Familie mit älteren Kindern, die ein Smartphone benutzen, kann man den Plan in digitaler Form erstellen.

Die Spalten

Eltern können den Wochenplan nutzen, um einen organisatorischen Überblick über die Aufgabenverteilung der Familie bereit zu stellen. Wenn sie pädagogische Ziele zur Weiterentwicklung der Familienmitglieder mit einbeziehen wollen, bilden sie Unterspalten im Wochenplan. Jedes Familienmitglied benötigt mehrere Unterspalten, je nach den Erfordernissen und Entscheidungen der Familie, um Aufgaben, Ziele, Folgen und eventuell noch andere Kriterien unterzubringen.

Folgende Spaltenmöglichkeiten haben sich bewährt:

- Aufgabe/n, die diese Person altersspezifisch für die Familie erledigt
- Freizeitaktivitäten / Termine
- ein Wochenziel
- Folgen

Ob man Spalten wie das Wochenziel oder eine Spalte für logische Folgen einführt, hängt ganz von der aktuellen Situation der Familie ab. Führt man diese zusätzlichen Spalten ein, so ist es selbstverständlich, dass alle Familienmitglieder diese Spalten füllen müssen.

Es kann sinnvoll sein, in diesem Falle mehrere Pläne zu schreiben, beispielsweise einen für die beiden Eltern und je einen für jedes Kind, die je nach Wunsch des Kindes im Kinderzimmer hängen können.

Aufgaben, Wochenziele und logische Folgen

Etwa ab dem Alter von sechs oder sieben Jahren kann es sinnvoll sein, dass ein Kind spielerisch eine kleine Aufgabe pro Woche für die Familie übernimmt, wenn das Kind dies will. In der Phase der Schulreife erlernen die Kinder die Abfolge der Wochentage und können selbstständig mit wiederkehrenden Rhythmen von Abläufen umgehen. Aber sie sollten noch nicht allein die Verantwortung für eine Aufgabe übernehmen müssen. Sie leben noch sehr im Jetzt, brauchen das freie Spiel, sind abgelenkt von allem, was plötzlich ihre Aufmerksamkeit erregt. Sie wollen sich noch am Vorbild orientieren und noch nicht den Forderungen der verlässlichen Verantwortungsübernahme ausgesetzt sein. Die Folgen, die durch überfordernde Situationen in diesem Alter eintreten würden, nämlich Entmutigung und das Verschwinden der Motivation, stünden in einem unangemessenen Verhältnis zu dem Lernerfolg. Vor allem Erstgeborene, die keine Anbindung an Vorbilder älterer Geschwister haben, wären gefährdet, durch Überforderung entmutigt zu werden. Sie werden schnell wütend, wenn sie Aufgaben nicht sofort so perfekt bewältigen, wie es ihnen die Eltern zeigen. Kritik (selbst in der in diesem Buch vorgestellten Form) oder logische Folgen beim nicht Erreichen eines Wochenziels oder beim Scheitern einer Aufgabe könnten ein Kind, das unter neun Jahre alt ist, so entmutigen, dass es die weitere Mitarbeit blockiert. Diese Kinder sind später, wenn sie das richtige Alter erreicht haben, nur schwer dazu zu motivieren, am Familienrat mitzuwirken.

Ab dem Alter von neun Jahren bekommt eine Aufgabe des Kindes einen ernsthaften Charakter. Erst ab diesem Alter können Folgespalten und ein Wochenziel eingeführt werden, falls dies von allen gewünscht wird.

Die Eltern ermitteln vorab eine Auswahl von Aufgaben für die Kinder. Diese Auswahlliste enthält mehrere mögliche Aufgaben, die dem Alter des jeweiligen Kindes entsprechen und keine Überforderung erzeugen. Anhand der Liste wird von allen gemeinsam ziemlich genau festgelegt, wie oft, wann und wie eine bestimmte Aufgabe zu erledigen sein wird, unabhängig davon, ob sie gewählt wird.

Die Mitglieder der Familie suchen sich eine Aufgabe für die kommende Woche aus der Auswahlliste entsprechend ihres Alters freiwillig aus. Der Beitrag des Kindes gibt ihm das Gefühl, schon als vollwertiges Mitglied der Familie ernst genommen zu werden.

Ein Wochenziel und logische Folgen hinzuzunehmen, erscheint manchen Eltern dann sinnvoll, wenn die Kinder zwischen neun und zwölf Jahre alt sind, und die Eltern wollen, dass die Kinder mehr Verantwortung für ihre eigenen Belange übernehmen oder die Belange der anderen Familienmitglieder mehr achten lernen. Ein Wochenziel kann eine Veränderung des Verhaltens oder das Entwickeln einer Fähigkeit oder eines neuen Vorhabens sein. In jedem Falle ist es ein freiwillig und selbst gewähltes Ziel. Folgenspalten kann es beim Wochenziel oder bei der Aufgabe für die Familie geben. In die Folgenspalte wird eingetragen, welche Konsequenz folgen wird, wenn sich ein Familienmitglied nicht an sein Wochenziel hält oder eine Aufgabe nicht im Sinne der Familie erledigt. Mit dem Begriff „Folgen“ sind „logische Folgen“, also Konsequenzen, gemeint. Diese wurden von dem Pädagogen R. Dreikurs entwickelt, um das autoritäre Erziehungsmittel des Bestrafens zu ersetzen. Im Folgenden wird verdeutlicht, wie man mit dem Wochenziel und den Folgen umgehen kann.

Folgen dürfen keinesfalls mit Strafen verwechselt werden. Da bei falschem Gebrauch dieser Methoden mit Entmutigung, Enttäuschung oder Motivationsverlust bei den Kindern zu rechnen ist, werden diese erst am Schluss des Buches behandelt, wenn die Leser schon mit dem **Familienkonzept** vertraut genug sind, um Fehler zu vermeiden. (Über logische Folgen kann man in E. Kessler „Von der Kunst liebevoll zu erziehen" nachlesen.)

Jedes Mitglied der Familie bestimmt zunächst selbst, was in seinen Spalten steht. Dies bezieht sich auch auf die Folgenspalte. Der Familienrat ist das Gremium, das nach den Prinzipien von Gerechtigkeit und Fairness die Auswahl des einzelnen Mitglieds akzeptiert oder eine Veränderung fordert.

Nehmen wir an, ein Vater nimmt sich als Wochenziel vor, seine „Meckerstimme" abzuschaffen. Bei der Entscheidung über die Folge wird in der Familie verhandelt. Der Vater schlägt zunächst vor, dass er sich jedes Mal, wenn es ihm passiert, sofort entschuldigen muss. Interessanterweise fordern Kinder häufig strengere Folgen als Erwachsene.
Die Tochter schlägt eine „Geldbuße" vor. Der Sohn fordert, dass der Vater einen Euro bei jedem „Meckern" ins Familiensparschwein werfen muss. Die Mutter macht darauf aufmerksam, dass es sich hier nicht um eine logische Folge, sondern um eine Strafe handelt, die als Methode im Familienrat nicht zulässig ist. Der Vater gibt der Mutter Recht, zeigt sich aber trotzdem bereit, eine solche Art von Konsequenz ausnahmsweise zu akzeptieren. Die Mutter wendet humorvoll ein, dass der Vater arm würde, wenn er bei jedem „Meckern" einen Euro bezahlen müsste. Sie empfiehlt deshalb, auf zehn Cent herunterzugehen. Man einigt sich schließlich auf den Vorschlag der Tochter, dass er jedes Mal fünfzig Cent zahlen muss, wenn er in die „Meckerstimme" verfällt. Der Vater lacht und ist damit einverstanden.

Das nächste Beispiel zeigt, dass es bei den Folgen prinzipiell nicht um Strafen gehen soll, sondern um logische Folgen. Im Familienrat zeigt die Praxis, dass Kinder manchmal für Ihre Eltern Konsequenzen vorschlagen, die Strafcharakter haben, wie das Beispiel der Geldbuße für den Vater zeigt. Schön, wenn es dem Vater im Familienrat möglich ist, mit Humor zu reagieren und zuzustimmen, wenn die Konsequenz für ihn stimmig erscheint. Wenn jüngere Kinder (neun bis zwölf Jahre alt) im Familienrat den Unterschied zwischen Strafe und logischer Folge in Bezug auf Folgen für die Eltern noch verwischen, dann kann dies von den anderen toleriert werden, wenn alle Familienmitglieder damit einverstanden sind. Ältere Kinder (über zwölf Jahre alt) kennen und achten diesen Unterschied. Die Eltern sollten den Unterschied wichtig nehmen und in Bezug auf Folgen für die Kinder keinesfalls außer Acht lassen. Andernfalls würden sie den Familienrat für autoritäre Erziehungsmaßnahmen missbrauchen und das Vertrauen der Kinder verlieren. Deshalb wenden Eltern für ihre Kinder ausnahmslos logische Folgen an.

Es folgt ein Beispiel für den Umgang mit der Wochenaufgabe eines Kindes.

Dem Sohn wird im Familienrat eine Verantwortung erfordernde Aufgabe entzogen, weil er sie schon in der zweiten Woche nicht zur Zufriedenheit der Familie ausgeführt hat. Die Angelegenheit wird besprochen, bis der Sohn die Entscheidung der Anderen versteht und damit einverstanden ist. Er darf sich für die kommende Woche eine leichtere Aufgabe aussuchen. Entweder ist er erleichtert, weil er mit der vorherigen Aufgabe überfordert war, oder sein Ehrgeiz wird angeregt, weil die Erleichterung eventuell sein Prestige in der Familie ein klein wenig schmälert. Es wird von keiner Seite aus Druck auf ihn ausgeübt. Niemand verurteilt ihn oder sein Verhalten.

Wochenziele und vereinbarte Folgen:		
Familien-mitglied	**Wochenziel**	**Folgen**
Mutter	*Pünktlichkeit*	*ab 5 Minuten: dem Betroffenen ein Eis spendieren,* *ab 15 Minuten: dem Betroffenen eine Pizza spendieren,* *ab 30 Minuten: 2 Therapie-stunden zu dem Thema im selben Monat absolvieren*
Vater	*Nicht mehr „meckern“*	*jedes Mal 50 Cent ins Sparschwein*
Tochter	*morgens den Haustür-schlüssel einstecken*	*nicht mehr Eltern anrufen, sondern bei Nachbarin warten, bis einer der Eltern nach Hause kommt*
Sohn	*Zahnspange tragen* *1. tagsüber: 1 Std.* *2. nachts: immer*	 *1. am nächsten Tag 2 Std.* *2. am nächsten Tag immer*

Abkürzungen für Eintragungen in den Familienwochenplan	
CH (rot)	*Chefaufgabe*
F (grün)	*Freizeit*
D/… blau)	*Delegierungen* *(beispielsweise: D/ Oma oder D/ Putzhilfe)*
FR	*Familienrat*
Va (Pa)	*Vater*
Mu (Ma)	*Mutter*
To (An)	*Tochter Anna*
So (Ti)	*Sohn Tim*
Ta (rot)	*Tagesaufgabe*
Zu (orange)	*Zusatzaufgabe*
Wa	*Wochenaufgabe für ein Kind*
Fo	*Folge*
Zi	*Wochenziel*

Vorschläge für weitere Abkürzungen:	
Fb	*Fußballtraining*
Te	*Tennis*
Y	*Yoga*
Ba	*Ballett*
Rei	*Reiten*
Sp	*Sport*
Mr	*Männerrunde*
Fr	*Frauenrunde*
EA	*Elternabend*

Pläne und Übersichten für die Familie

Nicht immer passen alle Ergebnisse des **Familienkonzeptes** auf einen schriftlichen Wochenplan. Eventuell braucht eine Familie mehrere Pläne und Listen.

- Familienwochenplan
- eventuell eine Übersicht über die Abkürzungen im Wochenplan
- Übersicht der Zusatzaufgaben der Eltern und der gewählten Aufgaben der Kinder
- beispielsweise eine schnell überschaubare Kalenderseite der Woche mit der Chefregelung
- gegebenenfalls eine Übersicht der Wochenziele der verschiedenen Familienmitglieder mit den dazu ausgehandelten Folgen

Schließlich werden der fertigen Plan und die Übersichten von allen unterschrieben und als Plakate dort aufgehängt, wo die Familie sich häufig aufhält. Kinder, die noch nicht schreiben können, unterschreiben den Wochenplan der Familie mit einem Hand- oder Fingerabdruck. Sie nehmen ohnehin eher spielerisch teil, weil sie dem Geschehen im Familienrat noch nicht gewachsen sind. (siehe „Alter der Kinder"). Bei Familien, die es gewohnt sind, digital zu kommunizieren, macht es älteren Kindern sicher mehr Spaß, einen digitalen Familienwochenplan zu erstellen, der alle Übersichten enthält und von jedem Familienmitglied zu jeder Zeit aufgerufen werden kann, wo immer es sich aufhält.

Der Wochenplan der Familie enthält nun die beruflichen Blöcke der Eltern, die Aufteilung der Zusatzaufgaben und der Chefaufgabe unter den Eltern und die Aufgaben und Zeitpläne der Kinder. Daneben können weitere Details den Wochenplan ergänzen wie beispielsweise die Wochenziele. Jede Familie wird herausfinden, von welcher Dichte an er unübersichtlich würde. Dann ist es ratsam, lieber mehrere Detailpläne daraus zu machen.

Der folgende exemplarische Wochenplan einer Familie beschränkt sich auf drei Tage und die wichtigsten Details.

Werkzeug 6

Wochenplan 4 (Legende siehe Wochenplan 2 und 3)

Zeit	Freitag (1)	Freitag (2)	Freitag (3)	Freitag (4)	Samstag (1)	Samstag (2)
06.00	**frei**	**Chef**	**frei**	**frei**	**Chef**	**frei**
07.00	beruflicher Block Autofirma	beruflicher Block zu Hause	**ZA**: Sp	**ZA**: M		
08.00			Schule	Schule		
09.00		beruflicher Block Steuerbüro				
10.00					F r ü h -	
11.00					**Chef** **ZA**: W	**frei** Sport
13.00				bei Susi		
13.30		beruflicher Block zu Hause				
14.00			**Hort**		K a f f e e	
16.00	**Chef** **ZA**: E	**frei**	zu Hause	zu Hause	**Chef** kochen	**frei**
18.00	A b e n d b r o t				w a r m e s	
18.30	**Chef** **ZA**: W	zu Hause	**ZA**: Sp	**ZA**: M	**Chef**	
19.00			**frei**	**frei**		
19.30					F a m i l i e n -	Gesprächsleitung
20.00		zu Fredi				
21.00			schlafen		S p i e l e -	
22.00				schlafen	aufräumen	**frei**

		Sonntag				Zeit
rei	**frei**	**frei**	**Chef**	**frei**	**frei**	06.00 07.00 08.00 09.00
stück		Frühstück				10.00
frei	**frei**	**frei** Sport	**Chef**	**frei** Fußball	**frei**	11.00 12.00 13.00
und Kuchen		Kaffee und Kuchen				14.00
frei zu Tim	**frei** zu Leni	**frei**	**Chef** kochen	**frei** Tim kommt	**frei** Leni kommt	15.00 16.00 17.00
Abendessen		warmes Abendessen				18.00
ZA: Sp	**ZA**: M	**frei** zu Tom	**Chef** **ZA**: Bü	**ZA**: Sp	**ZA**: M	
rat				**frei**	**frei**	19.00 20.00
abend				schlafen	schlafen	21.00
schlafen	**frei** später schlafen					22.00

Zusammenfassung

Das Familienkonzept als gesellschaftliches Konzept

Das Familienkonzept stellt Eltern in allen Phasen des Familienlebens praktische Hilfsmittel für die Organisation der Familie zur Verfügung. Diese sind nutzbar beginnend bei der Zeit als Paar ohne Kinder über die Babyzeit bis zu dem Zeitpunkt, an dem die Kinder das Elternhaus verlassen und sogar für die Zeit danach. Es hilft, alltägliche Abläufe zu organisieren und durchschaubar zu machen. Jedes Familienmitglied erhält mithilfe dieses Konzeptes seine eigene, wandelbare und gleichzeitig einzigartige Position in der Familie.

Im **Familienkonzept** ist eine Methodik des Erziehens enthalten. Sie versetzt Eltern in die Lage, entschiedene Eltern zu sein, die ohne die Machtausübung autoritärer Erziehungsmethoden auskommen. Dies bietet den Kindern Sicherheit und Autonomie zugleich. Pädagogisch ist diese Methodik für alle Phasen des Familienlebens geeignet. Der Familienrat ist besonders auf die zweite Hälfte der Kindheit zugeschnitten.

Das Familienkonzept eröffnet Paaren/Eltern die Möglichkeit, sich in der Familie neu zu positionieren, gleichberechtigter, variabler und austauschbarer als je zuvor. Sie müssen sich nicht auf die alten, überholten Rollenmuster voriger Generationen für mindestens zwanzig Jahre festgelegt fühlen. Stattdessen können sie sich gleichzeitig als eigenständiger privater Mensch, als Berufstätiger, als Vater oder Mutter, als Mitmensch in der Familie, als Verantwortungsträger für bestimmte Aufgaben und vieles mehr positionieren. Sie sind nicht mehr auf eine einzige Rolle mit einem von den anderen unausweichlich beanspruchten Handlungsmuster angewiesen.

Indem **das Familienkonzept** die Elternpositionen neu definiert, trägt es in der Familie zu Gerechtigkeit und partnerschaftlichem Umgang bei. Es ermöglicht, die Berufstätigkeit beider Partner mit dem Familienleben in Einklang zu bringen. Dadurch entwickelt **das Familienkonzept** eine Potenz, neue gesellschaftliche Entwicklungen voranzutreiben. Einseitigkeiten in bestimmten Bereichen der Gesellschaft, die durch den tradierten Umgang mit den Geschlechterrollen entstanden und die jede neue Generation, die geboren wurde, von ihren Eltern aufgebürdet bekam, können nun ausgeglichen werden.

Stellen wir uns die Familie als Keimzelle der Gesellschaft vor. Ihre Mitglieder lernen im Familienleben das Leben in der Gesellschaft kennen. Sie bewegen sich in einem kreativen Prozess der ständigen Neugestaltung der familiären und schließlich der gesellschaftlichen Wirklichkeit angesichts des Wachstums und der Entwicklung aller Beteiligten.

Literaturverzeichnis

- Arbeitskreis Neue Erziehung e.V., (Hrsg.), Autor Schümann, H. (2009): Elternbriefe Pubertät 1 und 2
- Bach, G.R. u. Goldberg, H. (2000): Keine Angst vor Aggression
- Bach, G.H. u. Wyden, P. (1983): Streiten verbindet
- Bode, S. (2010): Die vergessene Generation
- Bode, S. (2009): Die Kriegsenkel
- Bowlby, J.(2014): Bindung als sichere Basis
- Covey, S.R. (2000): Die sieben Wege zur Effektivität
- Dreikurs, R. u. Soltz, V. (2014): Kinder fordern uns heraus
- Frank; R. (2007): Therapieziel Wohlbefinden
- Furmann,B. (2008): Es ist nie zu spät, eine glückliche Kindheit zu haben (2013): Ich schaff´s
- Furmann, B. u. Hegemann, T. (2011): Ich schaff´s – Trainingsbuch für Kinder
- Gottman, J.M. (2003): Die 7 Geheimnisse einer glücklichen Ehe
- Gordon,T. (2012): Die Familienkonferenz
- Johnson, S. (2013): Liebe macht Sinn
- Kaluza, G. (2009): Stressbewältigung
- Kessler, E. (2013): Von der Kunst liebevoll zu erziehen
- Moeller, M.L. (2010): Die Wahrheit beginnt zu zweit
- Nemetschek, P. (2006): Systemische Familientherapie mit Kindern, Jugendlichen und Eltern
- Pasztor, S. u. Gens K.-D. (2008): Ich höre was, was du nicht sagst, (Buch oder CD)
- Renz -Polster, H. (2010): Kinder verstehen

- Rosenberg, M.B. ((2002): Gewaltfreie Kommunikation
- Schmidt, G. (2004): Liebesaffären zwischen Problem und Lösung
- Schnarch, D. (2006): Die Psychologie sexueller Leidenschaft
- Seligman, M.E.P., (2009): Der Glücksfaktor
- Schulz v.Thun, F. (2010, 2013): Miteinander reden, 3 Bde.
- Schwäbisch, L. u. Siems, M. (1998): Anleitung zum sozialen Lernen für Paare, Gruppen und Erzieher
- Servan-Schreiber, D. (2004): Die neue Medizin der Emotionen
- Starke, C., Hess, T., Belviso, N. (2015): Das Patchwork Buch

Für meine Familie

Ich danke meiner Familie, in all den Generationen, die Einfluss auf mich haben. Vor allem bin ich froh, dass ich das Glück hatte, Geschwister zu haben.

Ich danke meinen Kindern, Schwiegerkindern und Enkelkindern. Sie zeigen mir, wie lebendig, wandelbar und aufregend die Gegenwart der Familie ist. Ich freue mich auf unsere Zukunft.
Ich danke auch denen, die nicht meine verwandtschaftliche Familie sind, die aber für mich „zur Familie gehören".

Dank

Mein ganz spezieller Dank geht an diejenigen, die mir Anstöße gegeben haben, dieses Buch zu schreiben oder mir geholfen haben, es zu verwirklichen.

Dies sind zum einen alle Eltern, die mich durch ihre Fragen dazu gebracht haben, über ein solches **Familienkonzept** nachzudenken. Die Schilderungen ihrer alltäglichen Situationen haben großen Anteil an der Entstehung des Konzeptes und seiner Weiterentwicklung. Und es sind auch alle Eltern und Kinder, die sich anonymisiert in den Beispielen wiederfinden.

Persönlich nennen möchte ich:

- Lydia Muhlack, meine unermüdliche Mitarbeiterin, ohne die es nicht gegangen wäre;
- Josefine Graf, die das Layout, die Grafiken und die Umschlaggestaltung erstellt hat;
- Katrin von Scheven und Tom Avsic, Insa Söhrnsen und ihre Familien, die mit ihren Korrekturen und Anregungen erheblich zu diesem Buch beigetragen haben;
- Dr. Laelia Rösler, die durch Ihre vielen, klugen Hinweise und Anregungen im Laufe der Korrekturen zu einer unverzichtbaren Begleiterin der Entwicklung des Buches geworden ist;
- Thomas Kessler, meinen Website-Koordinator;
- Kassian A. Goukassian, Timon Graf, Konrad Kehrl, das Ehepaar Theede, die das Entstehen des Buches mit Rat und Tat unterstützt haben.

Foto: Jan Köhler-Kaeß

Eva Kessler, Jahrgang 1953, ist seit 1993 in freier Praxis als Familien- und Erziehungsberaterin in Kronshagen bei Kiel tätig. Daneben arbeitet sie als Supervisorin für pädagogische, sozialpädiatrische, Kinder- und Jugendpsychiatrische und heilpädagogische Einrichtungen in Schleswig Holstein. Sie leitet Fortbildungsseminare und hält Vorträge zu pädagogischen Themen. Sie ist selbst Mutter von zwei erwachsenen Kindern und Großmutter von fünf Enkelkindern.

Bisher ist von ihr erschienen:
Eva Kessler
Von der Kunst liebevoll zu erziehen
Sinnvoll Grenzen setzen und gute Laune bewahren
C.H.Beck Verlag, 3. Auflage, 2013